Dieses Buch gehört:

©   2016 ZS Verlag GmbH
Kaiserstraße 14b
D-80801 München

ISBN 978-3-89883-526-8
1. Auflage 2016

Projektleitung	Eva-Maria Hege, Katharina Wolf
Rezepte & Texte	Tanja Dusy
Lektorat	Katja Rötzer
Grafische Gestaltung	TextArt, München
Fotografie	Jan-Peter Westermann
Foodstyling	Sarah Trenkle
Styling	Petra Lange
Assistent	Antine Yzer
Herstellung	Peter Karg-Cordes
Producing	Jan Russok
Druck & Bindung	L.E.G.O., Vicenza

Die ZS Verlag GmbH ist ein Unternehmen der Edel AG, Hamburg
www.zsverlag.de | www.facebook.com/zsverlag

BROT & AUFSTRICHE

80 leckere Rezepte für drunter und drüber

mit Fotos von Jan-Peter Westermann

Liebe Brotbäcker,

vielleicht haben Sie es schon für sich entdeckt oder wollen es demnächst zum ersten Mal probieren: Ihr eigenes Brot backen. Ich kann Sie nur dazu ermutigen. Auch ich dachte immer, Brot backen sei kompliziert und mit endlosen Knet- und Wartezeiten verbunden – nicht gerade das, was ein eher ungeduldiger Mensch schätzt. Dann stand ich vor dem Ofen, darin mein erstes Sauerteigbrot. Ich öffnete die Tür, der Duft strömte mir entgegen, der fertige Laib lag knusprig und kross vor mir. Und ich wusste, das ist es!

Brot selber backen bedeutet nicht nur die Gewissheit, dass am Ende nur Gutes drin steckt. Zuzuschauen, wie der Teig aufgeht, die Masse mit den eigenen Händen zu kneten und zu formen und selbst für den herrlichen Duft von frisch Gebackenem verantwortlich zu sein – all das ist nicht nur ein sinnliches, meditatives Erlebnis, sondern auch ein perfektes Gegengewicht zum hektischen Alltag. Kein Wunder, dass Brotbacken für viele mehr als ein Hobby ist.

Inzwischen liebe ich es, mit Zutaten zu experimentieren, so lange an einem Baguetterezept zu feilen, bis das Ergebnis so schmeckt wie aus der besten Boulangerie in Frankreich, und mir dazu noch den passenden Aufstrich auszudenken. Es ist eine Freude, die unendliche Vielfalt internationaler Brotspezialitäten zu entdecken, von denen ich Ihnen auf den folgenden Seiten einige vorstelle. Ich hoffe, dass auch das für Sie passende Rezept dabei ist.

Tanja Dusy

Inhalt

WICHTIGE BASICS

Doppelt schmeckt besser: Selbst gebackenes Brot krönt man am besten mit einem passenden Aufstrich. Hier erfahren Sie Nützliches über die wichtigsten Zutaten und Arbeitsschritte. Und damit das Ganze nicht zu theoretisch wird, gibt es gleich die ersten beiden Grundrezepte.

1 X 1 DES BROTBACKENS

Brot selber backen ist nicht schwer; wer einmal meinem kleinen Backfahrplan gefolgt ist, kann schon bald seinen ersten knusprigen Laib aus dem Ofen ziehen. Und weil fast jedes Brot nach diesem Grundprinzip funktioniert, steht eigenen Backexperimenten nichts mehr im Weg.

Aller Anfang ist leicht

Brot backen ist kein Hexenwerk. Sie brauchen allerdings zwei Dinge: Geduld und Zeit. Nehmen Sie etwa eine Stunde vorher alle benötigten Zutaten (vor allem die Hefe) aus dem Kühlschrank, damit sie Zimmertemperatur annehmen.

Noch vor dem Teig

Bei fast allen Broten steht am Anfang der Vorteig: Dafür wird Hefe, bei Sauerbroten zusätzlich der flüssige Sauerteigansatz, mit lauwarmer Flüssigkeit und etwas Zucker (oder einem anderen Süßungsmittel) verrührt. Das Ganze mit einem Küchentuch zugedeckt stehen lassen, bis sich nach 5 bis 15 Minuten Bläschen bilden. Das Mehl und die übrigen trockenen Zutaten dazugeben, wobei Salz nicht direkt mit der Hefe in Berührung kommen sollte (siehe S. 16). Alles mit einem Holzlöffel oder den Knethaken des Handrührgeräts verrühren.

Kneten, kneten, kneten

So wird Luft untergearbeitet, die das Brot später locker macht; gleichzeitig kann das im Mehl enthaltene Klebereiweiß Gluten eine Struktur aufbauen, die den Teig elastisch und formbar macht. Am besten den Teig mit den Knethaken des Handrührgeräts oder 10 Minuten kräftig mit beiden Händen auf der bemehlten Arbeitsfläche durchkneten (außer: Teig aus Dinkelmehl, siehe S. 10). Bei sehr feuchten Teigen hilft die Teigkarte (siehe S. 23).

In der Ruhe liegt die Kraft

Nach getaner Knetarbeit braucht der Teig Zeit, damit Hefe- und Sauerteigkulturen in Ruhe arbeiten können. Das funktioniert am besten in wohliger Wärme: mindestens bei Zimmertemperatur oder mehr (in Heizungsnähe oder an einem sonnigen Platz); allerdings nie über 40 °C, sonst sterben die Hefebakterien ab. Am Ende der Gehzeit sollte sich das Teigvolumen sichtbar vergrößert haben. Das geht je nach Temperatur schneller oder langsamer. Teig kann sogar im Kühlschrank gehen, allerdings langsam. Also nicht nervös werden ... Damit der Teig nicht austrocknet, stets mit einem Küchentuch abdecken (bei großer Hitze leicht angefeuchtet).

Ab in den Ofen

Der gegangene Teig wird geformt (siehe S. 22) und darf nochmals gehen. In dieser Zeit den Backofen mit Ober- und Unterhitze vorheizen (Umluft trocknet die Teigkruste zu schnell aus). Und: ein tiefes Blech (oder eine Schale) mit Wasser im Ofen miterhitzen, das beim Einschieben des Brotes entfernt wird. Der Wasserdampf sorgt später dafür, dass die Brotoberfläche länger feucht bleibt und die Kruste nicht aufreißt. Die meisten Brote kommen bei einer höheren Anfangstemperatur in den Ofen, was für eine knusprige Kruste sorgt, und werden anschließend bei niedrigerer Temperatur fertig gebacken.

Endlich fertig!

Und wie weiß man, dass das Brot fertig ist? Jeder Haushaltsherd heizt anders oder gar unregelmäßig. Sicherheit gibt die Stäbchenprobe gegen Ende der Backzeit: Bei Brot in Formen mit einem Holzspieß in das Brot stechen. Klebt noch feuchter Teig am herausgezogenen Stäbchen, muss es noch etwas backen. Bei frei geformten Broten den Laib umdrehen (mit Ofenhandschuh!) und gegen die Unterseite klopfen: Klingt es hohl, ist das Brot fertig. Dann aus dem Ofen nehmen und auf einem Kuchengitter vollständig abkühlen lassen.

DIE 10 GRÖSSTEN PANNEN BEIM BROTBACKEN

Nicht aufgegangen, hart und verkohlt oder innen klitschig – beim Brotbacken kann einiges schiefgehen. Muss es aber nicht. Hier ein paar zusätzliche Tricks und Tipps, wie man Backpannen noch retten oder bereits im Vorfeld vermeiden kann.

WAS IST ZU TUN, WENN ...

1 ... der Teig zu feucht ist?
Keine Panik, erst beim Kneten wird der Teig trockener und beim Gehen nochmals fester. Sollte er nach dem Kneten wirklich noch zu klebrig sein, nach und nach locker ein wenig Mehl unterkneten.

2 ... der Teig zu trocken ist?
Einfach nach und nach möglichst wenig Wasser unterkneten, bis der Teig weich und elastisch ist.

3 ... der Teig beim Kneten klebt?
Beim Roggenmehlteig ist das grundsätzlich der Fall und man sollte nicht zu viel Mehl unterkneten. Am besten mit einer Teigkarte arbeiten (siehe S. 23).

4 ... der Teig nicht aufgeht?
Geben Sie ihm Zeit, meistens geht der Teig doch noch auf, braucht aber eventuell einfach ein wenig länger, weil er zum Beispiel zu kühl steht oder die Backzutaten zu kalt waren.

5 ... die Hefe zu alt war?
Ist dies der Fall, geht der Teig wirklich nicht mehr auf. Hier können Sie den Teig retten, indem Sie ¼ Würfel frische Hefe mit 1 TL Zucker, 1 EL Mehl und 3 bis 4 EL lauwarmem Wasser verrühren, 15 Minuten zugedeckt gehen lassen und diesen Ansatz anschließend unter den „alten" Teig arbeiten.

6 ... der Teig beim Backen aufplatzt?
Kein Beinbruch, aber unschön: der Teig ist eventuell zu kurz gegangen oder er ist zu trocken geworden (um dies zu vermeiden, beim Gehen stets mit einem Küchentuch abdecken). Sicherheitshalber Sauerteigbrote vor dem Backen mehrmals mit einer Gabel einstechen.

7 ... das fertig gebackene Brot hart, dunkel und rissig ist?
Die Backofentemperatur war zu hoch, es fehlte an Befeuchtung und das Brot ist zu lange gebacken. Erste Hilfe: Das Brot 10 Minuten in ein ganz leicht angefeuchtetes Küchentuch wickeln, damit die Kruste weicher wird.

8 ... das Brot zu hell ist?
Lassen Sie es einfach noch 5 bis 10 Minuten nachbacken. Beim nächsten Mal die Backtemperatur um 10 bis 20 °C erhöhen, da zu niedrige Backtemperaturen das Brot nicht nur nicht bräunen lassen, sondern auch austrocknen.

9 ... versalzen oder fad schmeckt?
Augenmaß hilft beim Brotbacken wenig. Flüssigkeiten und vor allem Salz sollte man ganz genau abwiegen. Zur idealen Küchenausstattung gehört daher eine digitale Küchenwaage mit Zuwiegefunktion.

10 ... das fertige Brot innen klitschig ist?
Das passiert gerne bei Roggenbroten, die zu wenig geknetet, oder bei Dinkelbroten, die zu viel geknetet wurden und nicht lange genug gehen durften. Hier hilft nur eines: Das Brot in Scheiben schneiden und die klitschigen Teile wegwerfen.

MEHL, SCHROT UND KORN

Der Blick auf ein gut sortiertes Backregal kann einen schier in Staunen versetzen: Nahezu unendlich ist heute die Auswahl an Mehlsorten und -typen. Einen Überblick über die wichtigsten finden Sie hier.

Mehlsorten

Feine Mehle tragen Typenbezeichnungen. Sie bezeichnen den Grad der Ausmahlung des Getreides, sprich je höher die Mehltype, desto höher der Schalen- und Keimanteil und damit die darin enthaltenen Vitamine, Mineralien und Ballaststoffe. Die Mehltype sagt jedoch nichts über den Feinheitsgrad. Ihn verraten folgende Produktnamen.

Vollkornmehl (1) enthält alle Bestandteile des Korns, auch den fettreichen Keim. Es wird schneller ranzig, sollte nicht zu lang gelagert werden. Beim Backen braucht Vollkornmehl gegenüber Feinmehl 10 bis 15 % mehr Flüssigkeit und evtl. längere Gehzeiten.

Schrot (2) ist grob zerkleinertes Getreide und damit sehr körnig. Man kann es selbst in der Getreidemühle herstellen oder im Bioladen mahlen lassen. Feiner Schrot entspricht fast Vollkornmehl. Groben Schrot vor dem Backen mit derselben Menge Wasser übergießen und über Nacht quellen lassen.

Weizen (3)

Mild im Geschmack eignet er sich für alle hellen (Hefe-)Brote. Zum Favoriten macht ihn aber sein hoher Gehalt an Gluten (Klebereiweiß). Das sorgt für einen elastischen Teig, der locker-luftig aufgeht und trotzdem eine Kruste bildet. Die häufigsten Typen sind 405, 550 und 1050. Für mediterrane Brotspezialitäten wie Ciabatta oder Baguette eignet sich besonders Weizenmehl „Tipo 00", auch als Pizza- oder Pastamehl bekannt. **Emmer, Einkorn und Kamut** sind alte Weizensorten, die über ähnlichen Klebergehalt verfügen wie Weizenmehl.

Dinkel (4)

Er gehört ebenfalls zur Weizenfamilie, hat hervorragende Backeigenschaften und ist für Allergiker besser verträglich. Dinkel besitzt so viel Klebereiweiß (Gluten) wie Weizen, allerdings ist Dinkelkleber empfindlicher: Dinkelteige dürfen daher nicht zu fest und lange geknetet werden.

Roggen (5)

Neben Weizenmehl das gebräuchlichste Brotmehl, jedoch dunkler in der Farbe und kräftiger im Geschmack. Roggenmehl bindet Feuchtigkeit, wodurch sich das Brot länger hält. Gleichzeitig enthält es weniger Kleber als Weizen. Roggenmehl gibt es von Type 610 bis 1800 (Roggen-Backschrot), die gängigsten Typen sind 997 und 1150.

Hafer (6) und Gerste

Beide Getreide enthalten wenig Gluten und werden oft nur mit Weizen gemischt zu Brot verbacken. Als Mehl sind sie im Regelfall nicht erhältlich, man muss sie mahlen oder schroten (lassen). Eine Alternative sind Hafer- oder Gerstenflocken im Teig oder zum Bestreuen.

Hirse (7)

Damit buken schon die alten Germanen – allerdings flache, harte Fladen, da Hirse kein Klebereiweiß enthält. Wegen des hohen Gehalts an Eisen und Mineralstoffen nutzen wir sie ganz, eingeweicht oder gegart als Broteinlage für nussigen Biss.

Quinoa (8) und Buchweizen

Diese sogenannten Pseudogetreide enthalten viel Eiweiß und Mineralstoffe, weshalb sie in der vegetarischen Küche hoch im Kurs stehen. Völlig glutenfrei sind sie ideal für Allergiker, aber wenig backtauglich – außer in Mischung mit kleberhaltigen Mehlen oder als Körnereinlage in Broten.

ALLES, WAS GUTES BROT NOCH BRAUCHT

Selbst gebackenes Brot kommt mit relativ wenig Zutaten aus. Wichtig sind vor allem die Qualität, die richtige Menge und ein natürlicher Herstellungsprozess. Ob dunkel oder hell, körnig oder gewürzt, ist dann letztendlich eine Frage des persönlichen Geschmacks.

Hefe

Frische Hefe gibt es im Kühlregal als 42-g-Würfel. Eine Alternative ist Trockenhefe; der Tütcheninhalt ist stets für 500 g Mehl berechnet. Das Pulver wird nicht extra angesetzt, sondern mit Mehl gemischt. Die flüssigen Zutaten kommen erst anschließend dazu.

Sauerteig

Roggenbrote brauchen Sauerteig und Hefe. Sauerteig gibt es in flüssiger Form oder als Pulver im Supermarkt, Reformhaus oder Bioladen. Beim Pulver muss man häufig umrechnen, denn die Päckchen haben verschiedene Inhaltsmengen mit unterschiedlicher Triebkraft für eine jeweils bestimmte Menge Mehl. Ein Rezept für selbst angesetzten Sauerteig finden Sie auf S. 20.

Flüssigkeit

Wasser passt bei jedem Brot, aber auch andere Flüssigkeiten eignen sich zum Anrühren von Teig: allen voran Milch und Milchprodukte wie Buttermilch, Dickmilch oder Kefir (die die Triebkraft und das säuerliche Aroma von Sauerteig verstärken), ebenso Säfte, etwa Apfel- oder Orangensaft, und Alkohol wie Bier oder Wein.

Süßes

Die Prise Zucker im Brot rundet den Geschmack ab und bringt die Hefebakterien in Fahrt. Ebenfalls zum Süßen eignen sich Honig, Ahornsirup oder Agavendicksaft. Ausnahme: Stevia. Es süßt zwar das Brot, füttert aber nicht Ihre Hefe. Gerstenmalzextrakt und Zuckerrübensirup geben (Vollkorn-)Brot neben der Süße außerdem eine appetitlich schöne Farbe.

Salz

In Italien wird ungesalzenes Weißbrot zwar gerne als Beilage gereicht, aber im Regelfall empfinden wir salzloses Brot als fade. Salz gehört hinein und zwar möglichst exakt abgemessen, denn erst beim fertigen Brot stellt sich heraus, ob es zu viel oder zu wenig war, und zum Nachwürzen ist es dann zu spät. Um sicher gehen zu können, haben wir bei den Brotrezepten die Grammangabe für die richtige Dosis Salz in Klammern ergänzt. Mit zunehmender Backerfahrung bekommen Sie aber sicher schon bald selbst ein Gespür für Löffelabmessungen und vor allem auch dafür, wie viel Salz Sie persönlich mögen. Als Grundrichtlinie für ein Löffelmaß gilt: Etwa 1 leicht gehäufter Teelöffel Salz (10 g) auf 500 g Mehl oder anders gesagt: 2 % an Salz von der Gesamtmehlmenge.

Fett

Normales Brot braucht eigentlich kein Fett. Einige Brote bekommen aber durch ein wenig Olivenöl mehr Aroma und Feuchtigkeit. Bei süßen Broten ist das etwas anderes: Milchbrötchen, Brioche, Hefezopf und Co. werden mit Butter schön geschmeidig und erhalten erst dadurch ihr feines Kuchenaroma.

Samen und Saaten

Sie verleihen Broten mehr Biss und ein kerniges Aroma. Und: Viele Sämereien halten das Brot länger schön saftig und den Bauch satt. 10 bis 20 % Körner auf die Mehlmenge gerechnet verträgt ein Brot auf jeden Fall. Damit die Körner (oder auch Nüsse) ihr Aroma voll entfalten und das Brot feucht genug bleibt, am besten immer überbrühen und quellen lassen wie in den Rezepten angegeben.

Kürbiskerne

Meine Top-Favoriten! Die großen dunkelgrünen Samen geben Brot und Brötchen geschmacklich den richtigen Kick und obenauf gestreut viel Knusper. Aber Achtung: Wer sein Brot damit bestreut, sollte es vorzeitig mit Backpapier abdecken, damit die Kerne nicht verbrennen und bitter schmecken.

Leinsamen

Sie halten Magen und Darm auf Trab und sind reich an gesunden Fettsäuren. Braune und gelbe Samen (Gold-Leinsamen) unterscheiden sich geschmacklich nicht. Leinsamen muss allerdings stets eingeweicht werden, da er stark quillt und dem Teig Wasser entziehen würde; das Ergebnis wäre ein sehr kompaktes, zu trockenes Brot.

Sesamsamen

Sesam auf Brötchen lieben wir unter anderem aufgrund seines extrem nussigen Geschmacks. Der verstärkt sich durch das Rösten der Kerne – also einfach aufstreuen, der Backofen erledigt den Rest.

Sonnenblumenkerne

Sie sind äußerst aromatisch, schön weich und sehr fetthaltig, wodurch sie Vollkornbrote herrlich feucht halten. Aufgrund ihres hohen Fettgehalts sollte man sie aber nicht zu lange lagern, sie können schnell ranzig schmecken.

Gewürze

Gewürze, aber auch Kräuter (frisch oder getrocknet) bringen zusätzlich Abwechslung ins Brot. Wer will, verwendet Gewürze einzeln und gibt seinem Brot damit eine ganz bestimmte Geschmacksrichtung (z.B. Kümmelbrot) oder man greift zu einer Gewürzmischung. Eine klassische Brotgewürzmischung, die man, ganz oder gemahlen, fertig kaufen oder selber machen kann (siehe Tipp S. 62), besteht aus Anis, Fenchel, Kümmel und Koriander. Diese Gewürze schmecken nicht nur prima, sondern machen aufgrund ihrer magenberuhigenden Wirkung Sauerteig- oder Vollkornbrot bekömmlicher.

GRUNDZUTATEN FÜR BROTAUFSTRICHE

Wer sein eigenes Brot gebacken hat, sollte auch beim „Drauf" etwas Mühe aufwenden: Selbst gemachte Brotaufstriche sind die Alternative zu schnödem Aufschnitt und gekaufter Schoko-Nuss-Creme. Was es dafür braucht, finden Sie hier.

Quark, Frischkäse und Co.

Bei **Quark** hat man die Wahl zwischen Magerquark (weniger als 10 % Fett), Halbfett (20 % Fett) und Sahnequark (40 % Fett). **Frischkäse** ist fetter. Er wird zwar ähnlich wie Quark hergestellt, dabei wird ihm aber ordentlich Sahne beigegeben. Normaler Frischkäse bringt es daher auf 20 bis 50 % Fett, die Doppelrahm-Variante sogar auf 60 bis 85 % Fett. **Ricotta** und **Mascarpone** sind die italienische Antwort auf Quark und Frischkäse: Ricotta wird auf Molkebasis hergestellt und ist daher an sich fettärmer, aber auch leicht krümelig. Er hat 13 bis 20 % Fettgehalt, Mascarpone hat wie Doppelrahmfrischkäse um 80 % Fett.

Sojaprodukte

Nicht nur Veganer schätzen Sojaprodukte als Ersatz für Milchprodukte; Frischkäse, Crème fraîche und Sahne sind inzwischen auf Sojabasis erhältlich. Aber auch aus **Tofu** lassen sich hervorragend Aufstriche herstellen. Neben dem etwas krümeligen normalen Tofu kann man auch **Seidentofu** verwenden, der schön glatt und cremig ist. **Geräucherter Tofu** bringt zusätzlich Aroma und lässt sich gut mit Gemüse zu Aufstrichen verarbeiten.

Gemüse und Obst

Gemüse ist perfekt für vielfältige, gesunde Aufstriche, muss aber püriert, zerdrückt oder zerstampft werden. Damit man keinen flüssigen Gemüsebrei, sondern eine streichfeste Masse bekommt, muss man dem Gemüse Wasser entziehen: Zum Beispiel indem man es gart (ideal im Ofen), (es zusätzlich) mit etwas eher Trockenem mischt (Nüsse, Saaten, Schafskäse) oder möglichst stärkehaltige Sorten wählt, die sich cremig zermusen lassen, z.B. Kürbis oder Möhre. **Obst** sollte gegart werden (z.B. zu Konfitüre), in roher Form würde es innerhalb weniger Stunden Wasser ziehen und den Aufstrich verderben. Wunderbar süße Fruchtpasten lassen sich aus **Trockenfrüchten** zubereiten.

Hülsenfrüchte

Kichererbsen, **Bohnen** und **Linsen** sind perfekt für Pasten und Pürees. Aufgrund ihres hohen Stärkeanteils braucht man sie in gegartem Zustand eigentlich fast nur noch zerdrücken, um eine streichfähige Masse zu erhalten. Sie enthalten zudem jede Menge pflanzliches Eiweiß und sind damit eine gesunde Alternative zu Wurst oder Käse.

Nüsse und Samen

Nüsse, aber auch Samen wie Kürbis- oder Sonnenblumenkerne sorgen für Bindung und cremige Konsistenz. Nicht zuletzt auch, weil die Minis jede Menge Fett enthalten. Dabei handelt es sich aber um gesunde, ungesättigte Fettsäuren, die Ernährungswissenschaftler wärmstens empfehlen.

Gewürze und Kräuter

Gewürze wie Chili, Curry und Kreuzkümmel und **Kräuter** wie Basilikum, Schnittlauch und Rosmarin verleihen jedem Aufstrich eine besondere Note.

Zwiebel und Knoblauch

Beides sind prima Aromageber für pikante Brotaufstriche. Wer sie allerdings frisch untermischen will, sollte das erst kurz vor dem Servieren tun: Sie ziehen sonst Wasser und überdecken mit ihrer Schärfe nach einiger Zeit die anderen Aromen. Ein schöner Farbakzent und milder als normale Zwiebeln: frisches Frühlingszwiebelgrün.

GRUNDREZEPT HEFETEIGBROT

EINFACHES STANGENWEISSBROT

½ **Würfel Hefe (21 g)**
1 TL Honig
500 g Weizenmehl (Type 550)
2 EL Olivenöl
2 TL Salz (15 g)
Mehl zum Verarbeiten

1 Die Hefe in eine Rührschüssel zerbröckeln, mit 300 ml lauwarmem Wasser und dem Honig verrühren (alle Zutaten bei Zimmertempertur verarbeiten). Zugedeckt 5 bis 15 Minuten gehen lassen.

2 Das Mehl auf den Hefeansatz geben, darauf das Olivenöl und das Salz. Alles mit einem Holzlöffel oder mit den Knethaken des Handrührgeräts auf niedriger Stufe verrühren, bis sich alle Zutaten verbinden. Nun von Hand mindestens

10 Minuten kräftig kneten oder mit den Knethaken des Handrührgeräts 4 bis 5 Minuten auf niedriger, dann 4 bis 5 Minuten auf hoher Stufe kneten, bis sich der Teig vom Schüsselrand löst, straff und elastisch weich ist.

3 Den Teig auf der bemehlten Arbeitsfläche zusammenwirken (siehe S. 22) und in eine mit etwas Mehl ausgestäubte Schüssel legen. Mit einem sauberen Küchentuch abdecken und den Teig bei

HEFE – DAS BESONDERE WESEN

Hefe mag es am liebsten zimmerwarm. Auf andere Zutaten reagiert sie sehr sensibel: Zucker lässt sie üppig gedeihen, Fett hingegen bremst ihr Wachstum. Gleiches gilt, allerdings erst ab einem gewissen zeitlichen Rahmen, für Salz. Wer seine Zutaten zügig verarbeitet, hat nichts zu befürchten. Um jedoch völlig sicher zu gehen, das Salz erst unter den bereits kurz verrührten Teig geben.

Zimmertemperatur 1 bis 2 Stunden gehen lassen, bis sich sein Volumen fast verdoppelt hat.

4 Den gegangenen Teig auf der bemehlten Arbeitsfläche erneut kräftig durchkneten. In zwei Portionen teilen, daraus zwei Stangenbrote formen.

5 Auf ein mit Backpapier belegtes Backblech legen und nochmals mit einem Küchentuch abgedeckt 30 Minuten bei Zimmertemperatur gehen lassen. Die Brote sollten in dieser Zeit noch einmal aufgehen und ihr Volumen fast verdoppeln.

6 Den Backofen auf 240 °C vorheizen, dabei ein Backblech mit Wasser miterhitzen. Sobald die Backtemperatur erreicht ist, das Blech herausnehmen und die Brote im Ofen auf der untersten Schiene 25 bis 30 Minuten knusprig braun backen.

Als Garprobe: Die Brote mithilfe von Topflappen wenden und gegen den Brotboden klopfen: Klingt es hohl, sind sie durchgebacken. Dann herausnehmen, auf einem Kuchengitter auskühlen lassen.

GEWUSST, WIE!

Warme Flüssigkeit fördert die Aktivität von Hefe: Ideal ist es also, wenn Wasser, Milch und Co. handwarm sind. Zu heiße Flüssigkeiten (über 42 °C) hingegen lassen die Hefepilze absterben – der Teig geht nicht auf. Was Hefe ebenfalls antreibt: Ein Löffelchen Zucker, Honig, Ahornsirup, Rübensirup oder Agavendicksaft.

Fett sollte nicht direkt mit Hefe in Verbindung kommen, denn es blockiert das Hefewachstum. Deshalb später, frühestens mit dem Mehl, zum Hefeansatz geben.

Der Teig darf beim Gehen keine Zugluft bekommen und nicht austrocknen. Daher stets mit einem Küchentuch abdecken, dieses bei langen Gehzeiten oder großer Hitze am besten leicht anfeuchten. Ideal ist Zimmertemperatur (20 bis 22 °C). Wenn es schneller gehen soll, kann man den Teig bei 25 bis 30 °C gehen lassen (z.B. in Heizungsnähe oder im leicht vorgeheizten, ausgeschalteten Backofen bei leicht geöffneter Tür). Auch hier gilt: Nicht über 40 °C! Man kann den Teig sogar im Kühlen (z.B. im Kühlschrank) gehen lassen; es dauert dann einfach länger (mindestens 8 Stunden) – dafür wird der Teig aber besonders fein.

GRUNDREZEPT SAUERTEIGBROT

EINFACHES SAUERTEIGBROT

150 g Weizenmehl (Type 550)
350 g Roggenmehl (Type 1150)
30 g frische Hefe
2 EL Gerstenmalzextrakt
(oder Zuckerrübensirup)
75 g flüssiger Natursauerteig
(selbst angesetzt, siehe S. 20,
oder im Beutel)
1 EL Aceto balsamico
1 geh. TL Salz (10 g)
Mehl zum Verarbeiten

1 Die beiden Mehlsorten in einer Rührschüssel mischen. Die Hefe in eine kleine Schüssel zerbröckeln, 300 ml lauwarmes Wasser, das Gerstenmalzextrakt (oder Zuckersirup) dazugeben und gründlich verrühren. Den Sauerteig und den Essig ebenfalls unterrühren.

2 Den Hefeansatz 5 bis 15 Minuten zugedeckt ruhen lassen, bis die Hefe zu arbeiten beginnt (siehe S. 16/17), dann den Hefe-Sauerteigansatz zum Mehl in die Schüssel geben, anschließend das Salz hinzufügen.

3 Alle Zutaten gut mischen und von Hand mindestens 10 Minuten kräftig kneten oder mit den Knethaken des Handrührgeräts 4 Minuten auf niedriger, dann 4 bis 5 Minuten auf hoher Stufe kneten.

4 Den Teig auf die bemehlte Arbeitsfläche geben, mit etwas Mehl bestäuben und mit einem sauberen Küchentuch abgedeckt 15 Minuten gehen lassen.

5 Der Teig hat sich jetzt entspannt, ist trockener geworden und bereits etwas aufgegangen.

6 Den Teig auf der gut bemehlten Arbeitsfläche zwei bis dreimal rund wirken (siehe S. 22), anschließend umdrehen und zu einer Kugel streichen. Auf ein mit Backpapier belegtes Backblech

setzen und mit einem sauberen Küchentuch abdecken. Bei Zimmertemperatur nochmals 20 bis 30 Minuten gehen lassen.

7 Den Backofen auf 220 °C vorheizen (Umluft nicht empfehlenswert), dabei ein mit Wasser gefülltes, tiefes Backblech oder eine mit Wasser gefüllte, ofenfeste Schale miterhitzen. Der so im Ofen entstehende Wasserdampf sorgt dafür, dass das Brot später beim Backen eine schön knusprige Kruste erhält, ohne aufzuplatzen.

8 Das geformte Brot sollte jetzt sein Volumen deutlich vergrößert haben (ist dies nicht der Fall, noch etwas gehen lassen). Sobald die Backtemperatur erreicht ist, das Blech mit dem Wasser herausnehmen und das Brot auf der untersten Schiene 10 Minuten anbacken. Danach die Backofentemperatur auf 210 °C reduzieren und das Brot etwa weitere 30 Minuten knusprig braun backen. Herausnehmen und auf einem Kuchengitter auskühlen lassen.

GEWUSST, WIE!

Wer Zeit sparen will, wärmt gekauften Sauerteig im Beutel in einer Schüssel in warmem Wasser an und gibt ihn lauwarm zum Hefeansatz.

Der Teig ist nach dem Kneten eher kompakt und vor allem klebrig – das ist bei hohem Roggenmehlanteil aber völlig normal! Widerstehen Sie der Versuchung, jetzt schon mehr Mehl einzuarbeiten – der Teig wird alleine durch das folgende Ruhen fester.

Wer mag, kann den Teig alternativ in ein mit Mehl ausgestreutes Gärkörbchen legen, darin die gesamte Zeit gehen lassen und anschließend direkt auf das Backblech geben.

Dieses kräftig schmeckende Brot lässt sich geschmacklich immer wieder variieren. Mischen Sie zum Beispiel 2 TL ganzen Kümmel, 2 EL grob zerstoßene Korianderkörner, Fenchelsamen oder Brotgewürz (gekauft oder selbst gemischt, siehe Tipp S. 62) unter das Mehl. Das Wasser kann einmal durch Bier, Malzbier, Buttermilch, Kefir oder Molke ersetzt werden. Wer ein Brot mit festerer Krume schätzt, kann auch einmal 150 g Roggenmehl durch 150 g feinen Roggenschrot ersetzen. Dann allerdings 2 bis 3 EL mehr Flüssigkeit dazugeben, da Schrot mehr aufsaugt als normales Mehl.

SAUERTEIGANSATZ SELBER MACHEN

Natürlich können Sie Ihren Sauerteigansatz fertig kaufen: flüssig im Beutel oder als Pulver. Ganz preiswert und unkompliziert ist er aber auch, wenn man ihn selber ansetzt. Das Schöne dabei: Ihr Sauerteig hält mit etwas Pflege ewig lange, entwickelt immer mehr Aroma und hat seinen ganz individuellen Geschmack.

ROGGEN-SAUERTEIGANSATZ

**Für 800 g Sauerteigansatz
benötigen Sie:
400 g Roggenmehl (Type 1150)
400 ml möglichst kalkarmes, lauwarmes
Wasser**

(3 bis 5 Tage Ruhezeit einkalkulieren)

Nun das restliche Mehl mit 200 ml lauwarmem Wasser (30 bis 40 °C) unterrühren. Den Teigansatz zugedeckt 24 Stunden bei Zimmertemperatur ruhen lassen.

1 Am ersten Tag 100 g Mehl mit 100 ml lauwarmem Wasser (30 bis 40 °C) in einer kleinen Schüssel glatt verrühren. Mit einem sauberen Küchentuch abdecken und idealerweise bei 24 bis 25 °C etwa 24 Stunden ruhen lassen.

4 Am vierten Tag sollte der Teig deutlich Blasen werfen bzw. die Oberfläche damit durchsetzt sein, und leicht säuerlich-alkoholisch riechen. Er ist jetzt bereit, verarbeitet zu werden.

2 Am zweiten Tag erneut 100 g Mehl und 100 ml lauwarmes Wasser mit dem Sauerteigansatz verrühren. Zugedeckt noch einmal 24 Stunden bei Zimmertemperatur ruhen lassen.

5 Die jeweils im Rezept vorgegebene Menge des Sauerteigansatzes abnehmen und den übrigen Teig in ein sauberes Schraubglas füllen (Deckel nur auflegen). Den Sauerteigansatz im Kühlschrank lagern.

3 Am dritten Tag können sich eventuell schon die ersten Bläschen an der Teigoberfläche zeigen.

Sauerteig aufbewahren

Bis zum nächsten Backen kann der übrig gebliebene Sauerteigansatz problemlos im Kühlschrank lagern, vorausgesetzt Sie „füttern" ihn regelmäßig einmal pro Woche, damit die Sauerteigkultur aktiv bleibt. Dafür jeweils 100 g Mehl und 100 ml Wasser mit dem Ansatz verrühren und über Nacht stehen lassen. Vom nun aktiven Teig wieder 100 g abnehmen, in ein Schraubglas füllen und in den Kühlschrank stellen. Wer das konsequent macht, hält seinen selbst angesetzten Sauerteig jahrelang am Leben und kann ihn immer wieder verwenden. Er wird mit zunehmendem Alter sogar immer besser werden.

Sauerteig wecken

Sie wollen am nächsten Tag wieder Brot backen? Dann müssen Sie Ihren im Kühlschrank schlummernden Sauerteig am Vorabend wecken: Dazu mit 100 g Mehl und 100 g Wasser verrühren und 10 bis 12 Stunden mit einem sauberen Küchentuch abgedeckt gehen lassen. Am nächsten Tag die benötigte Menge Ansatz abnehmen und verarbeiten, wie auf S. 18/19 beschrieben. Gleichzeitig für die nächste Backaktion wieder 100 g in den Kühlschrank stellen und wöchentlich füttern (siehe oben).

Trocken lagern

Wer seinen Sauerteig nicht ständig nachfüttern möchte, kann nicht verwendeten Ansatz auch trocknen. Dafür den Sauerteigansatz möglichst dünn auf ein mit Backpapier belegtes Blech streichen und vollständig durchtrocknen lassen (am besten über Nacht). Zerbröseln, in ein sauberes Schraubglas füllen und kühl und dunkel aufbewahren. Und wenn man damit backen will: 100 g trockenen Teigansatz am besten am Vorabend mit 100 ml Wasser und 1 bis 2 EL Mehl verrühren und 10 bis 12 Stunden aktiv werden lassen wie oben beschrieben.

GEWUSST, WIE!

Sauerteig selber ansetzen ist nicht schwierig. Wichtig ist vor allem eine ausreichend hohe Raumtemperatur. Bei kühlerer Witterung wirkt 1 EL Joghurt, Kefir, Sauerkrautsaft, Bodensatz von Brottrunk oder gekaufter Sauerteigansatz, den man gleich zu Beginn unter das Mehl mischt, als hilfreicher „Starter" für das Wachstum der benötigten Säurebakterien. Diese kleine Anschubhilfe verleiht dem Sauerteig dann auch jeweils seinen eigenen Charakter, er wird zum Beispiel milder oder saurer.

Sie können außer Roggenmehl auch andere Mehlsorten (z.B. Weizen oder Dinkel) nehmen. Wählen Sie aber immer eine hohe Type oder die Vollkornvariante, denn nur in den ganzen Bestandteilen des Korns finden die entstehenden Hefe-, Milchsäure- und Essigbakterien Nahrung zum Wachsen. Zu stark behandeltes (Weiß-)Mehl verhindert ihr Gedeihen genauso wie übertriebene Hygiene, etwa Spülmittelrückstände in der Ansatzschüssel).

Keine Angst, dass Ihr Sauerteig schlecht wird oder „umkippt", wenn er zu gären beginnt. Bereits am zweiten Tag kann und soll er sogar einen leicht säuerlichen, alkoholischen Geruch entwickeln. Lediglich wenn er unangenehm sauer, faulig riecht (salmiakartig scharf, nach faulen Eiern) oder gar Schimmelstellen aufweist, haben sich schädliche Bakterien entwickelt. Dann hilft nur eines: wegwerfen und einen neuen Teig ansetzen.

WIRKEN UND FALTEN

TEIG WIRKEN

Damit Brote und Brötchen eine schöne Form behalten und nicht auseinanderlaufen, werden sie während der Gehzeit oder kurz vor dem letzten Gehen „gewirkt". Diese Technik gibt ihnen Halt, Struktur und eine perfekte Optik.

Rund formen

1 Den Teig zu einer Kugel formen und auf der bemehlten Arbeitsfläche leicht flach drücken. An einer Seite vom Rand her zur Mitte falten, leicht drehen und den nächsten Abschnitt vom Rand aus zur Mitte falten und nach innen drücken.

2 So den ganzen Teig rundherum blütenförmig nach innen drehen und falten. Schritt 1 eventu-

ell mehrmals wiederholen. Zum Schluss den Teig umdrehen und ringsherum mit den Händen nach unten nochmals rund nachformen. Das Ergebnis ist ein perfekter runder Laib!

Länglich formen

1 Längliche Brote oder Brötchen werden ähnlich in Form gebracht wie runde Laibe. Hierfür das Teigstück zunächst leicht rechteckig flach drücken und von der kurzen Seite aus zu einem Zylinder aufrollen und eventuell zugedeckt nochmals 15 bis 20 Minuten ruhen lassen.

2 Jetzt den Teigzylinder etwas flach drücken und von einer Längsseite her zu einer mittig gedachten Längsachse Stück für Stück nach innen „wirken". Von der anderen Seite aus wiederholen.

3 Das Ganze wiederholen, dabei jedoch die Enden etwas zusammendrücken. Das Brot eventuell nochmals etwas in die Länge ziehen, dann umdrehen, sodass die Naht unten liegt.

TEIG FALTEN

Teig kneten ist bei sehr feuchten, klebrigen Teigen schwierig. Hier hilft eine Teigkarte, um den Teig zu bearbeiten, ohne dabei allzu viel Mehl hinzufügen zu müssen.

1 Den Teig auf die leicht bemehlte Arbeitsfläche geben. Dann erst von links nach rechts, dann von rechts nach links mit der Teigkarte einschlagen.

2 Nun von vorne nach hinten und von hinten nach vorne einschlagen. Das Ganze immer wieder wiederholen, 5 bis 10 Minuten, und der luftige Teig ist garantiert.

GUT IN FORM

Runde Brötchen, lange Baguettes oder Kastenbrote: Erlaubt ist, was an Formen gefällt – und was zur Konsistenz des jeweiligen Teiges passt. Und auch beim Verzieren ist der Fantasie kaum eine Grenze gesetzt. So ist das Brot nicht nur perfekt in Form, sondern sieht auch noch zum Anbeißen aus.

WELCHE FORM FÜR WELCHEN TEIG?

Für weiche, flüssige Teige eignet sich jede Kuchenform (ideal: Kastenform). Nur bei Sauerteigbroten sollten Sie kein Weißblech, sondern Schwarzblech oder Silikon verwenden, da die Säure das Metall angreift.

EINSCHNEIDEN UND VERZIEREN

Zum **Einschneiden** von Brot oder Brötchen eignet sich ein scharfes Messer, eine Rasierklinge oder ein Cutter. Wichtig: nur leicht und nicht zu tief einschneiden, sonst platzt das Brot zu sehr auf.

Für schöne **runde Laibe** kann man Teig auch bereits im gut bemehlten Gärkörbchen (aus Peddigrohr) gehen lassen. Das Brot erhält so nicht nur eine perfekte Form, sondern auch die charakteristischen Rillen.

So können Sie Ihr Brot individuell **verzieren**: mit Gitterlinien, Kreuzen oder ganz nach Belieben. Den Teigling schön bemehlen, so kommt das Muster nach dem Backen ideal zur Geltung.

SCHERENSCHNITT

Verpassen Sie Ihrem Brot einmal einen Igelschnitt – das geht ganz einfach mit einer normalen, sauberen Haushaltschere und macht jede Menge Eindruck.

1 Mit der Schere einfach etwa 1 cm tief in das gegangene Brot schneiden und die entstandenen Zacken anschließend mit den Fingern leicht nach oben streichen.

2 Diese Technik eignet sich für alle nicht zu weichen Teige; alternativ können Sie auch einmal kleine Scherenschnitte über Kreuz anbringen – das ist besonders hübsch bei Brötchen oder Brotringen.

SÜSSE BROTE

Der eine startet schon süß in den Tag,
für den anderen sind sie besser als jede Torte
zum Kaffee: Wir finden auf jeden Fall,
Sie sollten sich öfter saftigen Rosinenzopf,
zimtduftendes Franzbrot oder fluffige
Schokobrötchen gönnen —
nicht nur sonntags, und dann:
Kuchen ade!

BRIOCHE

Zubereitungszeit: 25 Min. | Ruhezeit: 3 Std. 30 Min. | Backzeit: 15–20 Min.

Für 1 Muffinblech (12 Stück)

Für den Teig:
350 g Weizenmehl
(Type 405)
40 g Zucker
1 TL Salz (7 g)
15 g frische Hefe
80 ml Milch
3 Eier
200 g sehr weiche Butter

Außerdem:
Mehl zum Verarbeiten
Butter für die Form
1 Eigelb zum Bestreichen

Fein in Form

Den Teig kann man auch in einer Kastenform (30 cm) backen: Dazu in 5 gleich große Kugeln formen, nebeneinander in die eingefettete Form legen und zugedeckt 2 Stunden gehen lassen. Mit Ei bestreichen und die Kugeln auf der Oberfläche mittig einschneiden. Bei 180 °C 25 bis 30 Minuten backen.

1 Mehl, Zucker und Salz in einer Rührschüssel gründlich mischen. Die Hefe zerbröckeln und daraufstreuen. Die Milch in einem kleinen Topf lauwarm erhitzen und mit den Eiern zu den anderen Zutaten in die Schüssel geben. Alles mit den Knethaken des Handrührgeräts 3 Minuten auf niedriger Stufe zu einem festen Teig verkneten. Die Butter in Stücken dazugeben und auf mittlerer bis hoher Stufe 6 Minuten zu einem weichen, elastischen Teig kneten.

2 Den Teig in einer bemehlten Schüssel zugedeckt an einem warmen Ort 1 Stunde gehen lassen. Anschließend im Kühlschrank weitere 2 Stunden ruhen lassen.

3 Die Mulden der Muffinform mit Butter einfetten. Den Teig noch einmal kurz durchkneten, zu einer Kugel formen und in 12 Portionen teilen. Von jeder Portion etwa ein Drittel abnehmen und erneut zu einer Kugel formen. Die größeren Portionen zu großen Kugeln formen, in die Mulden setzen, oben leicht mit den Fingern eindrücken und jeweils eine kleine Kugel daraufsetzen. Mit einem Küchentuch abdecken und weitere 30 Minuten gehen lassen.

4 Inzwischen den Backofen auf 180 °C vorheizen. Das Eigelb mit 1 EL Wasser verquirlen und die Brioches damit bestreichen. Im Ofen auf der mittleren Schiene 15 bis 20 Minuten goldbraun backen. Aus dem Ofen nehmen und leicht abkühlen lassen. Die Brioches aus den Blechmulden drehen und auf einem Kuchengitter vollständig auskühlen lassen.

MILCHBRÖTCHEN DREIMAL ANDERS

Zubereitungszeit: 25 Min. | Ruhezeit: 1 Std. 40 Min. | Backzeit: 12–15 Min.

Für je 10 Brötchen

... klassisch	... mit Schokolade	... mit Tropic-Mix
Für den Teig:	*Für den Teig:*	*Für den Teig:*
1 Würfel Hefe (42 g)	1 Würfel Hefe (42 g)	1 Würfel Hefe (42 g)
50 g Zucker	50 g Zucker	50 g Zucker
100 ml Milch	100 ml Milch	120 ml Kokosmilch (Tetrapak)
500 g Weizenmehl (Type 405)	500 g Weizenmehl (Type 405)	100 ml Milch
50 g weiche Butter • Salz	50 g weiche Butter • Salz	500 g Weizenmehl (Type 405)
	100 g Schokotropfen	50 g Kokosraspel
Außerdem:		50 g weiche Butter • Salz
Mehl zum Verarbeiten	*Außerdem:*	70 g Tropical-Frucht-Mix
Milch zum Bestreichen	Mehl zum Verarbeiten	
	Milch zum Bestreichen	*Außerdem:*
		Mehl zum Verarbeiten
		Milch zum Bestreichen

... KLASSISCH

1 In einer kleinen Schüssel Hefe, 1 TL Zucker, 100 ml lauwarmes Wasser und die Milch verrühren. 10 Minuten gehen lassen.

2 Den Hefeansatz in eine Schüssel geben, das Mehl dazugeben, darauf die Butter in Stückchen, den restlichen Zucker und 1 Prise Salz verteilen. Mit den Knethaken des Handrührgeräts erst 4 Minuten auf niedriger, dann 4 Minuten auf hoher Stufe kneten. Den Teig zu einer Kugel formen und in einer bemehlten Schüssel zugedeckt 1 Stunde ruhen lassen.

3 Den Backofen auf 230 °C vorheizen. Den Teig nochmals durchkneten, in 10 Stücke teilen, daraus runde Brötchen formen und auf ein mit Backpapier belegtes Backblech setzen. Zugedeckt 30 Minuten gehen lassen.

4 Die Brötchen mit einem Messerrücken einmal in der Mitte quer bis ganz unten eindrücken. Im Ofen auf der untersten Schiene 12 bis 15 Minuten goldbraun backen, dabei nach etwa 8 Minuten mit etwas Milch bepinseln (Foto siehe S. 26/27).

... MIT SCHOKOLADE

Den Teig kneten wie links beschrieben. Zum Schluss die Schokotropfen (am besten von Hand) gründlich unterkneten. Wie beschrieben ruhen lassen und backen.

... MIT TROPIC-MIX

Den Hefeansatz wie links beschrieben statt mit Wasser mit der Kokosmilch-Milch-Mischung ansetzen, das Mehl mit den Kokosraspeln mischen. Den Teig wie beschrieben kneten, zuletzt den Tropic-Mix unterkneten. Den Teig wie beschrieben ruhen lassen und backen.

SAFRAN-ORANGEN-BRÖTCHEN

Zubereitungszeit: 50 Min. | Ruhezeit: 5–6 Std. | Backzeit: 15–20 Min.

1 Für den Vorteig die Hefe mit 125 ml lauwarmem Wasser und dem Mehl in einer Schüssel verrühren. Die Schüssel mit einem an einer Seite eingeschnittenen Gefrierbeutel abdecken und den Vorteig bei Zimmertemperatur 2 bis 3 Stunden gehen lassen.

2 Inzwischen für den Teig die Orange heiß waschen, trocken reiben und die Schale fein abreiben. Die Orangenschale beiseitestellen. Die Orange halbieren und den Saft auspressen. Das Orangeat sehr fein hacken und mit dem Orangensaft kurz aufkochen. Vom Herd nehmen, nach Belieben den Likör unterrühren und bis zur Weiterverwendung ziehen lassen.

3 Die Kardamomkörner aus den Kapseln lösen, im Mörser zerstoßen und mit dem Safran in der Milch lauwarm erhitzen. Die Hefe in eine Rührschüssel zerbröckeln, mit der aromatisierten, lauwarmen Milch verrühren und 10 Minuten gehen lassen. Inzwischen das Mehl mit der Orangenschale und dem Zucker mischen. Mit dem Vorteig zum Hefeansatz geben und mit dem Salz bestreuen. Darauf die Butter in Flöckchen und die Eier verteilen. Mit den Knethaken des Handrührgeräts 3 Minuten auf niedriger, dann 6 bis 8 Minuten auf hoher Stufe kneten. So viel vom aromatisierten Orangensaft unterrühren, dass ein sehr weicher Teig entsteht. Den Teig zu einer Kugel formen und in einer bemehlten Schüssel zugedeckt an einem warmen Ort 1 Stunde gehen lassen.

4 Den Teig zusammenkneten, erneut zu einer Kugel formen und nochmals in der Schüssel zugedeckt 1 Stunde gehen lassen. Dann auf der bemehlten Arbeitsfläche durchkneten und zu 16 kugeligen Brötchen formen (siehe S. 22). Auf zwei mit Backpapier belegte Backbleche setzen und zugedeckt weitere 2 Stunden gehen lassen. Zum Bestreichen die Milch mit dem Zucker erwärmen, bis sich der Zucker aufgelöst hat.

5 Den Backofen auf 180 °C vorheizen. Die Safran-Orangen-Brötchen mit dem Milchzucker bepinseln und im Ofen auf der mittleren Schiene 15 bis 20 Minuten goldbraun backen.

Für 16 Brötchen

Für den Vorteig:
5 g frische Hefe
125 g Weizenmehl (Type 1050)

Für den Teig:
1 Bio-Orange
100 g gewürfeltes Orangeat
2 EL Orangenlikör
(nach Belieben)
5 grüne Kardamomkapseln
1 Döschen Safranpulver (0,1 g)
125 ml Milch
10 g frische Hefe
350 g Weizenmehl (Type 1050)
50 g Zucker
1 TL Salz (7 g)
125 g weiche Butter
2 Eier

Außerdem:
Mehl zum Verarbeiten
100 ml Milch und 50 g Zucker
zum Bestreichen

MÜSLIBRÖTCHEN MIT APFEL

Zubereitungszeit: 30 Min. | Ruhezeit: 1 Std. 55 Min. | Backzeit: 25–30 Min.

Für 12 Brötchen

Für den Teig:
80 g Rosinen
50 g Haselnussblättchen
1 Apfel (z.B. Boskop)
1 EL Zitronensaft
¼ l Milch
3 EL Honig
½ Würfel Hefe (21 g)
30 g flüssiger Natursauerteig
(selbst gemacht, siehe S. 20,
oder im Beutel)
250 g Weizenmehl (Type 405)
250 g Dinkelmehl (Type 630)
70 g Dinkelflocken
¾ TL Zimtpulver
Salz
50 g weiche Butter

Außerdem:
Mehl zum Verarbeiten
Milch zum Bestreichen

1 In einer kleinen Schüssel die Rosinen und die Haselnuss-blättchen mit so viel kochendem Wasser übergießen, dass sie knapp bedeckt sind. Bis zur Weiterverwendung ziehen lassen.

2 Den Apfel waschen, vierteln und das Kerngehäuse entfer-nen. Die Apfelviertel grob raspeln und sofort mit Zitronen-saft mischen. Die Milch in einem kleinen Topf lauwarm erhitzen und den Honig darin unter Rühren auflösen. Die Hefe in eine Rührschüssel zerbröckeln, mit dem Sauerteigansatz und der Honigmilch verrühren und 10 Minuten ruhen lassen.

3 Beide Mehlsorten, die Dinkelflocken, Zimt und 2 Prisen Salz mischen, auf den Hefeansatz geben. Darauf die Butter in Flöckchen und den geriebenen Apfel verteilen. Mit den Knethaken des Handrührgeräts 3 Minuten auf niedriger, dann 3 Minuten auf hoher Stufe verkneten.

4 Sofort die Rosinen und die Nussblättchen abgießen, gut ausdrücken und unter den Teig kneten. Den Teig zu einer Kugel formen und in einer bemehlten Schüssel zugedeckt an einem warmen Ort 1 Stunde gehen lassen.

5 Den Teig nochmals durchkneten und daraus 12 längliche Brötchen formen (siehe S. 22). Die Brötchen auf ein mit Backpapier belegtes Backblech setzen und zugedeckt 45 Mi-nuten ruhen lassen, dabei nach 10 Minuten der Länge nach leicht einschneiden (siehe S. 24). Den Backofen auf 210 °C vorheizen.

6 Die Müslibrötchen im Ofen auf der mittleren Schiene 25 bis 30 Minuten goldbraun backen, dabei nach 10 Minuten mit Milch bepinseln. Herausnehmen und auf einem Kuchengitter auskühlen lassen.

FRANZBROT MIT ZIMT

Zubereitungszeit: 35 Min. | Ruhezeit: ca. 1 Std. 40 Min. | Backzeit: ca. 30 Min.

Für 1 Kastenform (30 cm)

Für den Teig:
30 g frische Hefe
60 g Zucker
280 ml lauwarme Milch
75 g weiche Butter
500 g Weizenmehl (Type 405)
Salz
1 geh. TL Zimtpulver

Außerdem:
Mehl zum Verarbeiten
Butter und Zucker
für die Form

1 Die Hefe in eine Schüssel zerbröckeln, mit 1 TL Zucker und 100 ml lauwarmer Milch verrühren. Zugedeckt 10 Minuten gehen lassen.

2 Inzwischen 50 g Butter in Stückchen schneiden. Mit dem Mehl und 3 Prisen Salz in einer Rührschüssel mischen, in die Mitte eine Mulde formen. Die restliche lauwarme Milch und den Hefeansatz in die Mulde gießen. Alles mit den Knethaken des Handrührgeräts 4 Minuten auf niedriger, dann 6 Minuten auf hoher Stufe verkneten, bis der Teig weich und flaumig ist. In einer bemehlten Schüssel zugedeckt an einem warmen Ort 45 bis 60 Minuten gehen lassen, bis sich der Teig fast verdoppelt hat.

3 Die Kastenform mit Butter einfetten und leicht mit Zucker ausstreuen. Die restliche Butter zerlassen, mit dem übrigen Zucker und dem Zimt verrühren. Den Teig auf der leicht bemehlten Arbeitsfläche erneut durchkneten und 1,5 cm dick ausrollen. Mit einer Ringform oder einem Glas (9 cm ø) Kreise ausstechen.

4 Die Kreise mit der Hand leicht flach drücken. Mithilfe eines Teelöffels je eine Kreishälfte mit der flüssigen Butter-Zimt-zucker-Mischung bestreichen und die Kreise mittig zu Halbkreisen zusammenklappen (nur leicht zusammendrücken, nicht verschließen). Die Halbkreise mit der geraden Seite nach unten in die Form setzen (dazu am besten einige Halbkreise aufeinander stapeln und den ganzen Stapel kompakt in die Form geben). Mit einem feuchten Küchentuch abdecken und weitere 30 Minuten an einem warmen Ort gehen lassen. Den Backofen auf 200 °C vorheizen.

5 Das Franzbrot im Ofen auf der mittleren Schiene etwa 30 Minuten goldbraun backen. Herausnehmen, auf einem Kuchengitter lauwarm abkühlen lassen und aus der Form stürzen.

SCONES DREIMAL ANDERS

Zubereitungszeit: 20 Min. | Ruhezeit: 30 Min. | Backzeit: 12–15 Min.

Für je 8 Stück

... klassisch	... mit Heidelbeeren	... mit Sauerkirschen & Nüssen
Für den Teig:	*Für den Teig:*	*Für den Teig:*
75 g Butter	75 g Butter	75 g Butter
250 g Weizenmehl (Type 405)	250 g Weizenmehl (Type 405)	250 g Weizenmehl (Type 405)
1½ TL Backpulver	1½ TL Backpulver	1½ TL Backpulver
40 g Zucker	60 g Zucker	2 Msp. Zimtpulver • 60 g Zucker
1 Päckchen Vanillezucker	Salz	Salz • 150 ml Milch
Salz	150 ml Milch	100 g getrocknete Sauerkirschen
150 g Buttermilch	120 g Heidelbeeren	50 g Haselnussblättchen
Außerdem:	*Außerdem:*	*Außerdem:*
Mehl zum Verarbeiten	Mehl zum Verarbeiten	Mehl zum Verarbeiten
1 Ei	1 Ei	1 Ei • 2 EL Milch
2 EL Milch	2 EL Milch	

... KLASSISCH

1 Die Butter in kleine Stücke schneiden und kühl stellen. In einer Schüssel das Mehl mit Backpulver, Zucker, Vanillezucker und 1 knappen TL Salz mischen.

2 Die eiskalte Butter zur Mehlmischung geben, mit den Händen zu groben Bröseln zerreiben. Die Buttermilch dazugießen und alles zügig zu einem glatten Teig kneten (es sollen noch kleine Butterstückchen zu sehen sein). Den Teig zu einer Kugel formen und in einer bemehlten Schüssel zugedeckt 30 Minuten in den Kühlschrank stellen.

3 Den Teig auf der leicht bemehlten Arbeitsfläche mit wenig Druck 2 cm dick ausrollen. Mit einem Ausstecher oder Glas (7 cm ø) 8 Kreise ausstechen (den Ausstecher beim Herausziehen nicht drehen, sonst gehen die Scones schief auf; alternativ in 8 Dreiecke schneiden). Den Backofen auf 200 °C vorheizen.

4 Die Kreise auf ein mit Backpapier belegtes Backblech legen. Das Ei mit der Milch verquirlen und die Scones damit bestreichen. Im Ofen auf der mittleren Schiene 12 bis 15 Minuten goldbraun backen. Dazu schmecken Clotted Cream und Konfitüre.

... MIT HEIDELBEEREN

Den Teig wie links beschrieben kneten. Die Heidelbeeren verlesen, waschen und trocken tupfen. Vorsichtig mit der Milch unterarbeiten. Den Teig ausrollen, Kreise ausstechen und im vorgeheizten Ofen backen.

... MIT KIRSCHEN & NÜSSEN

Den Teig wie links beschrieben kneten. Die Sauerkirschen und die Nussblättchen vorsichtig mit der Milch unterarbeiten. Den Teig ausrollen, Kreise ausstechen und im vorgeheizten Ofen backen.

SUPERFRÜCHTE-DINKEL-STUTEN

Zubereitungszeit: 1 Std. | Ziehzeit: 2 Std. | Ruhezeit: 1 Std. 10 Min. | Backzeit: 35–40 Min.

Für 1 Kastenform (30 cm)

Für den Teig:
je 75 g getrocknete Cran-
berrys, Physalis und
Gojibeeren
Saft von 1 Orange
75 g Zucker
½ Würfel Hefe (21 g)
500 g Dinkelmehl (Type 630)
15 g Dinkelsauerteigpulver
(für 500 g Mehl)
Salz
2 EL Orangenlikör
(nach Belieben)

Außerdem:
Mehl zum Verarbeiten
Butter für die Form

1 Die Trockenfrüchte mit dem Orangensaft und dem Zucker in einem kleinen Topf verrühren. Einmal aufkochen, vom Herd nehmen und 2 Stunden ziehen lassen.

2 Die Früchte in ein Sieb abgießen und gut ausdrücken. Dabei den Zuckersirup auffangen und mit Wasser auf insgesamt 300 ml aufgießen. Das Sirupwasser lauwarm erhitzen. Die Hefe in eine Rührschüssel zerbröckeln, mit der Hälfte des Sirupwassers verrühren und 10 Minuten gehen lassen.

3 Mehl, Sauerteigpulver und 1 knappen EL Salz mischen, auf den Hefeansatz geben. Das restliche Sirupwasser und nach Belieben den Likör dazugießen und alles mit den Knethaken des Handrührgeräts 4 Minuten auf niedriger, dann 2 Minuten auf hoher Stufe verkneten. Die Beeren unterkneten. Den Teig auf der bemehlten Arbeitsfläche zugedeckt 30 Minuten gehen lassen, zwischendurch dreimal zusammenwirken wie auf S. 22 beschrieben.

4 Die Kastenform mit Butter einfetten. Den Teig länglich formen, hineingeben und nochmals zugedeckt 30 Minuten gehen lassen.

5 Inzwischen den Backofen auf 210 °C vorheizen, dabei ein mit Wasser gefülltes, tiefes Backblech miterhitzen. Sobald die Backtemperatur erreicht ist, das Blech mit dem Wasser herausnehmen und den Superfrüchte-Dinkel-Stuten im Ofen auf der mittleren Schiene 35 bis 40 Minuten goldbraun backen.

Superfrüchte

Als sogenannte Superfoods sind Gojibeeren, Physalis und Cranberrys in aller Munde: eine gesunde Bereicherung für Brote und Kuchen und eine aromatische, weniger süße Alternative zu Rosinen. Häufig gibt es sie schon fertig als Beerenmischungen zu kaufen.

SCHOKOLADENBROT MIT HASELNÜSSEN

Zubereitungszeit: 1 Std. 15 Min. | Ruhezeit: 2 Std. 30 Min. | Backzeit: 35–40 Min.

Für 1 Brot (ca. 25 Scheiben)

Für den Teig:
100 g Haselnusskerne
100 g Zartbitterschokolade
70 g Honig
10 g frische Hefe
500 g Weizenmehl (Type 1050)
70 g Kakaopulver
7 g Natursauerteigpulver
(für 250 g Mehl)
1 TL Salz (7 g)
2 Msp. Zimtpulver

Außerdem:
Mehl zum Verarbeiten

1 Den Backofen auf 180°C erhitzen. Die Haselnüsse auf einem Backblech verteilen und im Ofen auf der mittleren Schiene 6 bis 8 Minuten braun rösten, bis sich die dunklen Häute leicht lösen. Die Nüsse aus dem Ofen nehmen, auf einem Küchentuch abkühlen lassen und die Häute abrubbeln. Die Nüsse halbieren oder grob hacken. Die Schokolade ebenfalls grob hacken.

2 In einem kleinen Topf den Honig mit 300 ml Wasser unter Rühren erwärmen, bis er sich aufgelöst hat. Vom Herd nehmen und lauwarm abkühlen lassen.

3 Die Hefe in eine Rührschüssel zerbröckeln und mit der Hälfte des Honigwassers verrühren. Mehl, Kakaopulver, Sauerteigpulver, Salz und Zimt mischen und auf den Hefeansatz geben. Das übrige Honigwasser dazugießen und alles mit den Knethaken des Handrührgeräts 4 Minuten auf niedriger, dann 4 Minuten auf hoher Stufe verkneten. Die Nüsse und die Schokolade unterrühren.

4 Den Teig auf der bemehlten Arbeitsfläche zugedeckt 2 Stunden gehen lassen, währenddessen dreimal zusammenwirken, wie auf S. 22 beschrieben.

5 Den Teig zu einem runden Brot formen und in einer bemehlten Schüssel oder einem Gärkörbchen zugedeckt weitere 30 Minuten gehen lassen. Inzwischen den Backofen auf 230°C vorheizen, dabei ein mit Wasser gefülltes, tiefes Backblech miterhitzen. Sobald die Backtemperatur erreicht ist, das Blech mit dem Wasser entfernen.

6 Das Schokoladenbrot auf ein mit Backpapier belegtes Backblech legen und zwei- bis dreimal nicht zu tief einschneiden. Die Backofentemperatur auf 210°C reduzieren und das Brot im Ofen auf der unteren Schiene 35 bis 40 Minuten knusprig backen.

PROVENZALISCHES WEIHNACHTSBROT

Zubereitungszeit: 40 Min. | Ruhezeit: 3 Std. | Backzeit: 30–35 Min.

Für 2 Brote (à 10–12 Scheiben)

Für den Teig:
1 Würfel Hefe (42 g)
90 g Puderzucker
600 g Weizenmehl (Type 405)
1 TL Anissamen
abgeriebene Schale von
½ Bio-Zitrone
125 ml Olivenöl
2 Eier
2 EL Orangenblütenwasser
1 TL Salz (7 g)

Außerdem:
Mehl zum Verarbeiten
3 EL Zucker

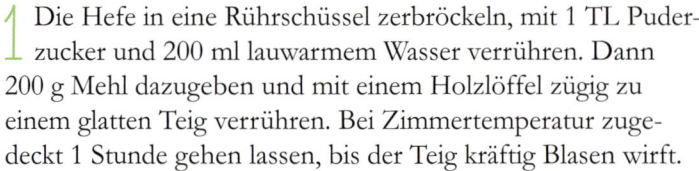

1 Die Hefe in eine Rührschüssel zerbröckeln, mit 1 TL Puderzucker und 200 ml lauwarmem Wasser verrühren. Dann 200 g Mehl dazugeben und mit einem Holzlöffel zügig zu einem glatten Teig verrühren. Bei Zimmertemperatur zugedeckt 1 Stunde gehen lassen, bis der Teig kräftig Blasen wirft.

2 Den Anissamen in einem Mörser zerstoßen, mit der Zitronenschale und dem restlichen Mehl mischen. Das Olivenöl mit den Eiern und 1½ EL Orangenblütenwasser verrühren. Die Mehlmischung auf den Vorteig geben, darauf den übrigen Puderzucker, die Eier-Öl-Mischung und 1 TL Salz. Alles mit den Knethaken des Handrührgeräts 4 Minuten auf niedriger, dann 6 Minuten auf hoher Stufe verkneten. Den Teig zu einer Kugel formen und in einer bemehlten Schüssel zugedeckt 1 Stunde im Kühlschrank ruhen lassen.

3 Den Teig auf der bemehlten Arbeitsfläche noch einmal durchkneten und halbieren. Jede Portion zu einem Oval zusammenwirken (siehe S. 22) und etwa 2 cm dick ausrollen. Jedes Oval auf ein mit Backpapier belegtes Backblech legen und die beiden langen Seiten in gleichmäßigen Abständen, aber jeweils versetzt, etwa 5 cm tief einschneiden. Den Teig an den Einschnitten von Hand jeweils leicht auseinanderdehnen, sodass blattförmige Löcher entstehen. Zugedeckt nochmals 1 Stunde gehen lassen, bis sich die Größe der Brote verdoppelt hat.

4 Den Backofen auf 180 °C vorheizen. Inzwischen in einem kleinen Topf den Zucker mit 3 EL heißem Wasser und dem restlichen Orangenblütenwasser verrühren, bis sich der Zucker aufgelöst hat. Die Weihnachtsbrote gründlich aber ohne Druck mit der Hälfte des Zuckerwassers bestreichen. Im Ofen auf der mittleren Schiene 30 bis 35 Minuten goldbraun backen. Dabei nach gut 20 Minuten noch einmal dick mit Zuckerwasser bestreichen.

BANANEN-FRÜHSTÜCKSBROT

Zubereitungszeit: 25 Min. | Backzeit: ca. 1 Std. 15 Min.

Für 1 Kastenform (30 cm)

Für den Teig:

120 g Walnusskerne
2 reife Bananen
1 EL Zitronensaft
300 g Dinkelvollkornmehl
1 Päckchen Backpulver • Salz
½ TL Zimtpulver
1 TL gemahlener Ingwer
3 Msp. frisch geriebene
Muskatnuss
150 g weiche Butter
100 g brauner Zucker
2 Eier
100 g Buttermilch

Außerdem:
Butter für die Form

1 Den Backofen auf 180 °C vorheizen, die Kastenform einfetten. Die Walnüsse sehr grob hacken (Walnusshälften nur halbieren oder dritteln). Die Bananen schälen und in einem tiefen Teller mit einer Gabel zerdrücken. Sofort mit Zitronensaft beträufeln, nochmals leicht zerdrücken und durchrühren.

2 Das Mehl, das Backpulver, 2 Prisen Salz und die Gewürze in einer Schüssel mischen. Die Butter in Stücke schneiden und in einer zweiten Rührschüssel mit dem Schneebesen cremig weiß verrühren, dabei nach und nach den braunen Zucker dazugeben. Die Eier nacheinander hinzufügen und gründlich unterrühren, bis sie sich gut mit der Butter verbunden haben.

3 Die Buttermilch und die Bananen kurz unter die Buttermischung rühren. Die Mehlmischung dazugeben und alles mit einem Holzlöffel zügig von Hand mischen (nicht zu lange rühren, die Zutaten sollen sich eben gerade nur verbinden).

4 Den Teig in die Form füllen und das Bananenbrot im Ofen auf der mittleren Schiene etwa 1¼ Stunden goldbraun backen (am besten nach gut einer Stunde die Stäbchenprobe machen, siehe S. 8).

5 Das fertige Brot herausnehmen und auf einem Kuchengitter lauwarm abkühlen lassen. Aus der Form stürzen und vollständig auskühlen lassen. Das Bananen-Frühstücksbrot am besten bis zum nächsten Tag durchziehen lassen.

ROSINENZOPF & GEBRANNTE-MANDEL-ZOPF

Zubereitungszeit: 30 Min. | Ziehzeit: 2 Std. bzw. keine | Ruhezeit: 1 Std. 10 Min. | Backzeit: 35–40 Min.

ROSINENZOPF

1 Rosinen, Rum und Zucker in einem kleinen Topf gut verrühren. Kurz aufkochen, vom Herd nehmen und 2 Stunden ziehen lassen. Die Rosinen auf einem Sieb abtropfen lassen, gut ausdrücken und den Zuckersirup auffangen.

2 Die Butter in einem Topf zerlassen. Milch und Sirupwasser erwärmen. Die Hefe in eine Rührschüssel zerbröckeln, mit der Hälfte der Flüssigkeit verrühren, 10 Minuten gehen lassen.

3 Das Mehl mit 2 Prisen Salz und der Zitronenschale mischen und auf dem Hefeansatz verteilen. Darauf die restliche Milchmischung, die lauwarm abgekühlte Butter und die Eigelbe geben. Alles mit den Knethaken des Handrührgeräts 5 Minuten auf niedriger, dann 5 Minuten auf hoher Stufe verkneten. Die Rosinen unterrühren. Den Teig zu einer Kugel formen und in einer bemehlten Schüssel zugedeckt an einem warmen Ort 45 Minuten gehen lassen.

4 Den Backofen auf 200 °C vorheizen. Den Teig noch einmal durchkneten. In 3 Portionen teilen, daraus 3 Stränge formen und zu einem Zopf flechten. Den Zopf auf ein mit Backpapier belegtes Backblech legen und zugedeckt 15 Minuten ruhen lassen. Das Eigelb mit der Milch verrühren und den Zopf damit bestreichen.

5 Den Zopf auf der mittleren Schiene 35 bis 40 Minuten goldbraun backen. Auf einem Kuchengitter auskühlen lassen.

GEBRANNTE-MANDEL-ZOPF

Den Teig wie oben beschrieben herstellen, dabei Vanillemark und Zimt unter das Mehl mischen. Die Milch nach Belieben mit dem Amaretto mischen. Die gebrannten Mandeln grob hacken und unter den fertigen Teig kneten. Den Teig zu einem Zopf flechten und wie oben beschrieben backen.

Für je 1 Zopf (ca. 18 Scheiben)

Rosinenzopf

Für den Teig:
100 g Rosinen
75 ml Rum (ersatzweise Wasser)
75 g Zucker
100 g Butter • ¼ l Milch
1 Würfel Hefe (42 g)
500 g Weizenmehl (Type 405)
Salz
abgeriebene Schale von
½ Bio-Zitrone
2 Eigelb

Außerdem:
Mehl zum Verarbeiten
1 Eigelb • 2 EL Milch

Gebrannte-Mandel-Zopf

Für den Teig:
75 g Zucker
Mark von 1 Vanilleschote
½ TL Zimtpulver
100 g Butter
¼ l Milch
4 EL Amaretto (nach Belieben)
1 Würfel Hefe (42 g)
500 g Weizenmehl (Type 405)
Salz • 2 Eigelb
150 g gebrannte Mandeln

Außerdem:
Mehl zum Verarbeiten
1 Eigelb • 2 EL Milch

HERZHAFTE BROTE

So sollte unser tägliches Brot aussehen und schmecken: knusprig, kernig und einfach herzhaft gut! Egal ob hell, dunkel, rund oder lang, klassisch oder ungewöhnlich – Baguette, Olivenfocaccia, Kefir-Walnuss-Brot oder würziges Bierbrot schmecken rund um die Uhr.

BUTTER-TOASTBROT

Zubereitungszeit: 35 Min. | Ruhezeit: 1 Std. 10 Min. | Backzeit: 45 Min.

Für 1 Kastenform (30 cm)

Für den Teig:
½ Würfel Hefe (21 g)
125 ml Milch
500 g Weizenmehl (Type 405)
1 geh. TL Salz (10 g)
60 g weiche Butter

Außerdem:
Mehl zum Verarbeiten
Butter für die Form

1 Die Hefe in eine Rührschüssel zerbröckeln und mit 125 ml lauwarmem Wasser verrühren. Den Hefeansatz zugedeckt 10 Minuten gehen lassen.

2 Inzwischen in einem kleinen Topf die Milch lauwarm erhitzen. Das Mehl auf dem Hefeansatz verteilen, darauf das Salz, die Butter in Stückchen und die lauwarme Milch geben. Alles mit den Knethaken des Handrührgeräts 4 Minuten auf niedriger Stufe, dann 4 bis 6 Minuten auf hoher Stufe gründlich zu einem flaumig-weichen Teig verkneten. Eventuell noch kurz von Hand durchkneten, zu einer Kugel formen und in einer bemehlten Schüssel zugedeckt an einem warmen Ort 30 Minuten gehen lassen, dabei zwischenzeitlich zwei- bis dreimal zusammenwirken (siehe S. 22).

3 Die Kastenform mit Butter einfetten. Den Teig noch einmal zusammenkneten, länglich formen und in die Form legen. Zugedeckt 30 Minuten gehen lassen, dabei den Teig nach 10 Minuten mit einem scharfen Messer einmal mittig der Länge nach nicht zu tief einschneiden.

4 Inzwischen den Backofen auf 230 °C vorheizen, dabei ein mit Wasser gefülltes, tiefes Backblech miterhitzen. Sobald die Backtemperatur erreicht ist, das Blech mit dem Wasser herausnehmen. Das Brot im Ofen auf der unteren Schiene 15 Minuten backen. Die Backofentemperatur auf 210 °C reduzieren und das Butter-Toastbrot weitere 30 Minuten fertig backen.

Arme Ritter

Sollte das Brot doch mal zu lange liegen: 3 Eier mit 125 ml Milch und 1 EL Zucker verrühren. Toast in dicke Scheiben schneiden und 2 bis 3 Minuten in der Milch ziehen lassen, einmal wenden. In einer Pfanne in Butterschmalz auf jeder Seite braten – mit Zimtzucker servieren.

FRANZÖSISCHES BAGUETTE

Zubereitungszeit: 25 Min. | Ruhezeit: 15 Std. | Backzeit: 25–30 Min.

**Für 4 kleine oder
2 große Brote**

Für den Vorteig:
2 g frische Hefe
150 g Weizenmehl (1050)
25 g Roggenmehl (1150)

Für den Teig:
5 g frische Hefe
350 g Weizenmehl (1050)
1 TL Salz (7 g)

Außerdem:
Mehl zum Verarbeiten

1 Für den Vorteig am Vorabend in einer Schüssel die Hefe mit 180 ml lauwarmem Wasser verrühren. Das Mehl darübergeben und gründlich unterrühren, bis ein dickflüssiger Teig entsteht. Einen Gefrierbeutel an einer Seite einschneiden, locker über die Schüssel ziehen und den Vorteig über Nacht (12 Stunden) im Kühlschrank ruhen lassen.

2 Am nächsten Tag den Vorteig 1 Stunde vor dem Verarbeiten aus dem Kühlschrank nehmen. Für den Teig die Hefe in eine Rührschüssel zerbröckeln und mit 175 ml lauwarmem Wasser verrühren, darüber das Mehl und das Salz streuen. Alles mit den Knethaken des Handrührgeräts 4 Minuten auf niedriger Stufe kneten. Den Vorteig dazugeben und weitere 4 Minuten auf hoher Stufe kneten. Den Teig zu einer Kugel formen und in einer bemehlten Schüssel zugedeckt 1½ Stunden gehen lassen, dabei zwischendurch dreimal zusammenwirken (siehe S. 22).

3 Den Teig durchkneten, vierteln oder halbieren und zu 4 kurzen bzw. 2 langen Stangen formen (siehe S. 22). Die Stangen mit reichlich Abstand zueinander auf ein bemehltes Leinen(-küchen)tuch legen und das Tuch zwischen den Stangen als Falte hochziehen, sodass die Brote beim Aufgehen ihre Form behalten und nicht in die Breite laufen. Zugedeckt 1½ Stunden gehen lassen, dabei nach 1 Stunde mit einem scharfen Messer der Länge nach zwei- bis dreimal schräg und nicht zu tief einritzen wie auf S. 24 beschrieben.

4 Den Backofen auf 230 °C vorheizen, dabei das Backblech und ein mit Wasser gefülltes, tiefes Blech miterhitzen. Sobald die Backtemperatur erreicht ist, das Blech mit dem Wasser herausnehmen. Die Baguettes zügig auf das heiße Blech legen und im Ofen auf der unteren Schiene 5 Minuten backen. Die Backofentemperatur auf 210 °C reduzieren und die Baguettes weitere 20 bis 25 Minuten fertig backen.

FOCACCIA MIT ROSMARIN & OLIVENFOCACCIA

Zubereitungszeit: 35 Min. | Ruhezeit: 4 Std. 30 Min. | Backzeit: 20–25 Min.

Für je 2 Fladenbrote

Focaccia mit Rosmarin

Für den Teig:

½ Würfel Hefe (21 g)
450 g Weizenmehl (Type 550)
150 g Weizenmehl (Type 1050)
1 geh. TL Salz (10 g)
2 EL Olivenöl

Außerdem:

Olivenöl zum Verarbeiten und zum Bestreichen
Mehl zum Verarbeiten
1 TL Meersalz
4 Zweige Rosmarin

Olivenfocaccia

Zutaten siehe oben

Außerdem:

je 100 g grüne und schwarze Oliven (ohne Stein; trocken eingelegt)
2 TL getrocknete Italienische Kräuter

FOCACCIA MIT ROSMARIN

1 Die Hefe mit 400 ml lauwarmem Wasser verrühren. Beide Mehlsorten mischen, davon die Hälfte mit dem Hefewasser zu einem breiigen Teig verrühren. Zugedeckt bei Zimmertemperatur 2 Stunden gehen lassen.

2 Das restliche Mehl und das Salz über dem Hefeansatz verteilen, mit dem Olivenöl beträufeln. Mit den Knethaken des Handrührgeräts 2 Minuten auf niedriger, dann 3 Minuten auf hoher Stufe kneten. Zu einer Kugel formen, dünn mit Olivenöl bestreichen. In einer geölten Schüssel 1½ Stunden gehen lassen.

3 Ein Backblech ölen. Den Teig halbieren, zu zwei Kugeln formen und auf der bemehlten Arbeitsfläche mit wenig Druck zu je etwa 15 × 20 cm großen Rechtecken ausrollen. Die kurzen Seiten bis zur Mitte nach innen klappen und die Fladen mit etwas Abstand auf das Blech legen; leicht flach drücken.

4 5 EL Olivenöl, 6 EL Wasser und Meersalz mit dem Schneebesen cremig schlagen, die Fladen damit bestreichen. An einem warmen Ort 1 Stunde gehen lassen, dabei drei- bis viermal mit den Fingern kräftige Dellen in den Teig drücken.

5 Den Backofen auf 240 °C vorheizen, dabei ein mit Wasser gefülltes, tiefes Backblech miterhitzen. Rosmarin waschen, trocken tupfen. Die Nadeln einzeln oder in Sträußchen auf die Fladen streuen. Sobald die Backtemperatur erreicht ist, das Blech mit dem Wasser herausnehmen. Die Backofentemperatur auf 210 °C reduzieren und die Focaccia zügig im Ofen auf der unteren Schiene 20 bis 25 Minuten knusprig braun backen.

OLIVENFOCACCIA

Die Oliven grob zerkleinern und mit den Kräutern (den Rosmarin weglassen) unter den Teig kneten. Wie beschrieben gehen lassen und backen.

KLASSISCHES CIABATTA & FETA-PEPERONI-CIABATTA

Zubereitungszeit: 25 Min. | Ruhezeit: 26 Std. 15 Min. | Backzeit: ca. 30 Min.

Für je 2 Stück

Klassisches Ciabatta

Für den Vorteig:
2 g frische Hefe
100 g Weizenmehl (Type 1050)
100 g italienisches Weizenmehl
(Type 00, Pizzamehl,
ersatzweise Type 1050)

Für den Teig:
10 g frische Hefe
1 TL Honig
125 g Weizenmehl (Type 1050)
225 g italienisches Weizenmehl
(Type 00, Pizzamehl,
ersatzweise Type 1050)
1 geh. TL Salz (10 g)
3 EL Olivenöl

Außerdem:
Olivenöl für die Schüssel
Mehl für die Arbeitsfläche

Feta-Peperoni-Ciabatta

Zutaten siehe oben

Außerdem:
150 g Feta (Schafskäse)
80 g eingelegte milde/scharfe
Peperoni (aus dem Glas)
4 EL gehackter Dill

KLASSISCHES CIABATTA

1 Für den Vorteig am Vortag die Hefe in einer Schüssel mit 150 ml lauwarmem Wasser verrühren. Beide Mehlsorten mischen und mit dem Hefewasser zu einem dickflüssigen Teig verrühren. Einen Gefrierbeutel an einer Seite einschneiden, locker über die Schüssel ziehen und den Vorteig 24 Stunden bei Zimmertemperatur gehen lassen.

2 Am nächsten Tag für den Teig die Hefe, den Honig und 300 ml lauwarmes Wasser in einer Rührschüssel verrühren. Darauf das Mehl, den Vorteig, das Salz und das Olivenöl geben. Alles mit den Knethaken des Handrührgeräts 4 Minuten auf niedriger Stufe, dann weitere 4 Minuten auf hoher Stufe kneten. Den Teig zu einer Kugel formen und in einer geölten Schüssel zugedeckt 1½ Stunden gehen lassen.

3 Den Teig zusammenkneten und in zwei Hälften teilen. Diese jeweils zu länglichen Laiben formen. Die Laibe vorsichtig spiralförmig verdrehen und auf der bemehlten Arbeitsfläche zugedeckt 45 Minuten gehen lassen.

4 Den Backofen auf 240 °C vorheizen, dabei ein mit Wasser gefülltes, tiefes Backblech und das Blech für die Ciabatte miterhitzen. Sobald die Backtemperatur erreicht ist, das Blech mit dem Wasser entfernen. Die Ciabatte zügig auf das heiße Blech legen, die Backofentemperatur auf 210 °C reduzieren und die Ciabatte im Ofen auf der unteren Schiene etwa 30 Minuten knusprig braun backen.

FETA-PEPERONI-CIABATTA

Den Feta und die Peperoni abtropfen lassen und trocken tupfen. Den Feta in kleine Würfel schneiden. Die Peperoni längs halbieren, entkernen und klein schneiden. Feta und Peperoni mit dem Dill unter den fertig gekneteten Teig arbeiten und wie oben beschrieben gehen lassen und backen.

SCHWÄBISCHE SEELEN

Zubereitungszeit: 1 Std. 15 Min. | Ruhezeit: 17 Std. 10 Min. | Backzeit: 20–25 Min.

Für 6 Stück

Für den Vorteig:
2 g frische Hefe
100 g Dinkelmehl (Type 630)

Für den Teig:
15 g frische Hefe
½ TL Honig
400 g Weizenmehl (Type 550)
1 TL Salz (7 g)

Außerdem:
Mehl zum Verarbeiten
ganzer Kümmel und Hagelsalz
(oder Meersalz) zum
Bestreuen

Seelen auch mal anders

Zwar nicht ganz klassisch, aber selbst schwäbische Bäcker bieten inzwischen Varianten an. Mein Favorit: mit Käse und Chiliflocken bestreute Seelen.

1 Für den Vorteig am Vortag die Hefe und 125 ml lauwarmes Wasser in einer Rührschüssel verrühren. Das Mehl mit einem Holzlöffel unterschlagen, bis ein glatter Teig entsteht. Einen Gefrierbeutel an einer Seite einschneiden, locker über die Schüssel ziehen und den Vorteig bei Zimmertemperatur 15 Stunden (über Nacht) gehen lassen.

2 Am nächsten Tag für den Teig die Hefe in eine Schüssel zerbröckeln. Mit dem Honig und ¼ l lauwarmem Wasser verrühren. Das Mehl auf den Vorteig geben, darauf den Hefeansatz geben. Alles mit den Knethaken des Handrührgeräts 4 Minuten auf niedriger Stufe kneten, mit dem Salz bestreuen und weitere 6 bis 8 Minutem auf hoher Stufe kneten. Den sehr feuchten, klebrigen Teig in einer bemehlten Schüssel zugedeckt 45 Minuten ruhen lassen.

3 Den Teig in der Schüssel mit angefeuchteten Händen in 3 Stücke teilen, diese jeweils mit angefeuchteten Händen zu 3 Strängen formen und in sich spiralförmig zu einer Kugel verdrehen. Die Teigkugeln in einer Schüssel zugedeckt 45 Minuten gehen lassen. Erneut wie beschrieben zu drei Kugeln verdrehen und weitere 5 Minuten gehen lassen. Den gesamten Teig auf die bemehlte Arbeitsfläche geben, mit Wasser besprühen und offen 30 Minuten gehen lassen.

4 Den Backofen auf 240 °C vorheizen, dabei ein mit Wasser gefülltes, tiefes Backblech miterhitzen. Vom Teig mit angefeuchteten Händen 6 etwa gleich große Stücke abnehmen, leicht länglich formen bzw. ziehen und auf ein mit Backpapier belegtes Backblech legen. Mit Wasser besprühen und 5 Minuten ruhen lassen.

5 Die Seelen mit Kümmel und Hagelsalz bestreuen. Sobald die Backtemperatur erreicht ist, das Blech mit dem Wasser herausnehmen und die Seelen im Ofen auf der unteren Schiene 10 Minuten backen. Die Backofentemperatur auf 210 °C reduzieren und die Seelen weitere 10 bis 15 Minuten fertig backen.

MINI-FLADENBROTE MIT SESAM

Zubereitungszeit: 1 Std. | Ruhezeit: 13 Std. 15 Min. | Backzeit: ca. 15 Min.

Für 6 Mini-Fladen

Für den Vorteig:
2 g frische Hefe
1 EL Weißweinessig
200 g Weizenmehl
(Type 550)

Für den Teig:
½ Würfel Hefe (21 g)
1 TL Honig
350 g Weizenmehl (Type 550)
2 EL Naturjoghurt
1 EL Olivenöl
1 geh. TL Salz (10 g)

Außerdem:
2 EL Olivenöl + Öl für die
Schüssel
Mehl zum Verarbeiten
2 EL Milch
1 EL Schwarzkümmelsamen
3 EL Sesamsamen

1 Für den Vorteig in einer Schüssel die Hefe, 150 ml lauwarmes Wasser und den Essig verrühren. Das Mehl mit einem Holzlöffel unterschlagen, bis ein glatter Teig entsteht. Einen Gefrierbeutel an einer Seite einschneiden, locker über die Schüssel ziehen und den Vorteig im Kühlschrank mindestens 3 Stunden (besser 12 Stunden bzw. über Nacht) ruhen lassen.

2 Am nächsten Tag den Vorteig etwa 1 Stunde vor dem Verarbeiten aus dem Kühlschrank nehmen. Für den Teig die Hefe in eine Rührschüssel zerbröckeln, mit dem Honig und 50 ml lauwarmem Wasser verrühren. Den Vorteig und das Mehl daraufgeben. 75 ml Wasser, den Joghurt und das Olivenöl verrühren und auf das Mehl geben. Alles mit den Knethaken des Handrührgeräts 4 Minuten auf niedriger Stufe kneten, den Teig mit dem Salz bestreuen und weitere 6 bis 8 Minuten auf hoher Stufe kneten. Den Teig in einer geölten Schüssel zugedeckt 1 Stunde ruhen lassen.

3 Den Teig auf der bemehlten Arbeitsfläche kurz durchkneten und in 6 Portionen teilen. Jede Portion zu einem 1 cm dicken, ovalen Fladen ausrollen und auf ein mit Backpapier belegtes Backblech legen. Das Olivenöl mit der Milch verrühren und die Fladen damit bestreichen, anschließend mit Schwarzkümmel und Sesamsamen bestreuen. Zugedeckt 15 Minuten gehen lassen.

4 Inzwischen den Backofen auf 240 °C vorheizen, dabei ein mit Wasser gefülltes, tiefes Backblech miterhitzen. Sobald die Backtemperatur erreicht ist, das Blech mit dem Wasser herausnehmen und die Fladenbrote im Ofen auf der unteren Schiene etwa 15 Minuten goldbraun backen.

KEFIR-WALNUSS-BROT

Zubereitungszeit: 40 Min. | Ruhezeit: 1 Std. | Backzeit: 45–50 Min.

**Für 1 rundes Brot
(ca. 25 Scheiben)**

Für den Teig:
150 g Walnusskerne
½ Würfel Hefe (21 g)
500 g Kefir
2 EL Gerstenmalzextrakt
75 g flüssiger Natursauerteig
(selbst gemacht, siehe S. 20,
oder im Beutel)
300 g Weizenvollkornmehl
100 g Roggenmehl (Type 1150)
150 g feiner Gerstenschrot
1½ TL Salz (12 g)

Außerdem:
Mehl zum Verarbeiten

1 Die Walnüsse in einer Pfanne ohne Fett rösten, bis sie duften. Herausnehmen und abkühlen lassen. Nach Belieben ganz lassen oder sehr grob hacken.

2 Die Hefe in eine Rührschüssel zerbröckeln. Den Kefir lauwarm erhitzen und mit der Hefe und dem Malzextrakt verrühren. Den Sauerteig ebenfalls unterrühren. Beide Mehlsorten und den Gerstenschrot mischen, über der Hefemischung verteilen. Mit dem Salz bestreuen und alle Zutaten mit den Knethaken des Handrührgeräts 4 Minuten auf niedriger Stufe, dann 6 Minuten auf hoher Stufe kneten. Zum Schluss die Walnüsse unterkneten. Den Teig auf der bemehlten Arbeitsfläche zugedeckt 30 Minuten gehen lassen, dabei zwischendurch zweimal zusammenwirken (siehe S. 22).

3 Den Teig zu einem runden Laib formen und auf ein mit Backpapier belegtes Backblech legen. Zugedeckt weitere 30 Minuten gehen lassen, dabei das Brot nach 10 Minuten mit einem scharfen Messer kreuzförmig und nicht zu tief einschneiden (siehe S. 24).

4 Den Backofen auf 230 °C vorheizen, dabei ein mit Wasser gefülltes, tiefes Backblech miterhitzen. Sobald die Backtemperatur erreicht ist, das Blech mit dem Wasser herausnehmen. Das Kefir-Walnuss-Brot im Ofen auf der unteren Schiene 10 Minuten backen. Die Backofentemperatur auf 210 °C reduzieren und das Brot weitere 35 bis 40 Minuten goldbraun fertig backen.

BRETONISCHES APFELBROT

Zubereitungszeit: 35 Min. | Ruhezeit: 14 Std. 25 Min. | Backzeit: 45–50 Min.

1 Für den Vorteig am Vortag den Cidre lauwarm erhitzen. In einer Schüssel die Hefe mit dem lauwarmen Cidre und dem Mehl gründlich verrühren. Die Schüssel mit einem an einer Seite eingeschnittenen Gefrierbeutel abdecken und den Vorteig im Kühlschrank 12 Stunden (am besten über Nacht) ruhen lassen. Für den Teig die Apfelringe grob zerschneiden, mit 125 ml Cidre übergießen und ebenfalls über Nacht quellen lassen.

2 Am nächsten Tag die Äpfel abgießen, eventuell die Einlage- flüssigkeit auffangen. Den übrigen Cidre lauwarm erhitzen. Die Hefe in eine Rührschüssel zerbröckeln und mit dem lauwarmen Cidre und dem Einweichwasser übergießen. 10 Mi- nuten gehen lassen. Alle Mehlsorten mischen und mit dem Vorteig zur Hefemischung geben. Mit dem Salz bestreuen und alles mit den Knethaken des Handrührgeräts 4 Minuten auf niedriger Stufe, dann 6 Minuten auf hoher Stufe kneten. Zum Schluss die Äpfel und die Haselnussblättchen unterkneten.

3 Den Teig in einer bemehlten Schüssel zugedeckt 1 ½ Stun- den gehen lassen, dabei nach 45 Minuten einmal zusammen- wirken (siehe S. 22). Erneut durchkneten und in einem gut bemehlten Backkörbchen oder einer bemehlten Schüssel zugedeckt weitere 45 Minuten gehen lassen.

4 Den Backofen auf 230 °C vorheizen, dabei ein mit Wasser gefülltes, tiefes Backblech und das Blech für das Brot auf der unteren Schiene miterhitzen. Sobald die Backtemperatur erreicht ist, das Blech mit dem Wasser herausnehmen. Das Apfelbrot mithilfe des Körbchens auf das heiße Blech stürzen und im Ofen auf der unteren Schiene 10 Minuten backen. Die Backofentemperatur auf 210 °C reduzieren und das Brot weitere 35 bis 40 Minuten fertig backen.

Für 1 rundes Brot (ca. 25 Scheiben)

Für den Vorteig:
100 ml trockener Cidre
3 g frische Hefe
125 g Weizenmehl (Type 1050)

Für den Teig:
75 g getrocknete Apfelringe
425 ml trockener Cidre
15 g frische Hefe
300 g Weizenmehl (Type 1050)
100 g Buchweizenmehl
1 geh. EL Roggenmehl
(Type 1150)
1 geh. TL Salz (10 g)
100 g Haselnussblättchen

Außerdem:
Mehl zum Verarbeiten

DUNKLES BIERBROT MIT GEWÜRZEN

Zubereitungszeit: 20 Min. | Ruhezeit: 1 Std. | Backzeit: 35–40 Min.

**Für 1 rundes Brot
(ca. 20 Scheiben)**

Für den Teig:
½ Würfel Hefe (21 g)
300 ml lauwarmes, dunkles
Bier (ersatzweise Malzbier)
2 EL Gerstenmalzextrakt
75 g flüssiger Natursauerteig
(selbst gemacht, siehe S. 20,
oder im Beutel)
300 g Roggenmehl (Type 1150)
200 g Weizenmehl (Type 550)
1½ EL gemahlenes
Brotgewürz (gekauft oder
selbst gemacht, siehe Tipp)
1 geh. TL Salz (10 g)

Außerdem:
Mehl zum Verarbeiten

1 Die Hefe in eine Rührschüssel zerbröckeln. Das Bier und das Malzextrakt, dann den Sauerteig unterrühren. Beide Mehlsorten mit dem Brotgewürz mischen und über der Hefemischung verteilen. Mit dem Salz bestreuen und alles mit den Knethaken des Handrührgeräts 4 Minuten auf niedriger Stufe, dann 6 Minuten auf hoher Stufe kneten. Den Teig zu einer Kugel formen und in einer bemehlten Schüssel zugedeckt 30 Minuten gehen lassen, dabei zwischendurch dreimal zusammenwirken (siehe S. 22).

2 Den Teig zu einem runden Laib formen und auf der bemehlten Arbeitsfläche zugedeckt weitere 30 Minuten gehen lassen, dabei das Brot nach 10 Minuten mit einem scharfen Messer mit 3 bis 4 Quer- und Längsschnitten gitterförmig leicht und nicht zu tief einschneiden (siehe S. 24).

3 Den Backofen auf 230 °C vorheizen, dabei ein mit Wasser gefülltes, tiefes Backblech miterhitzen. Sobald die Backtemperatur erreicht ist, das Blech mit dem Wasser herausnehmen und die Backofentemperatur auf 210 °C reduzieren. Das Brot im Ofen auf der mittleren Schiene 35 bis 40 Minuten knusprig dunkelbraun backen.

Brotgewürz

Wer möchte, mischt sich sein Brotgewürz selbst: Anis-, Fenchel-, Kümmelsamen und Korianderkörner zu gleichen Teilen mischen und nach Belieben im Mörser zerstoßen. Um das Aroma zu verstärken, die Gewürze vorher noch ohne Fett in einer beschichteten Pfanne anrösten.

KRACHKRUSTENBROT AUS DEM TOPF

Zubereitungszeit: 30 Min. | Ruhezeit: 20 Std. | Backzeit: 45–50 Min.

**Für 1 rundes Brot
(ca. 20 Scheiben)**

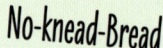

Für den Teig:
450 g Weizenmehl
(Type 1050)
¼ TL Trockenhefe
1½ TL Salz (12 g)
100 ml Pils
1 EL Weißweinessig

Außerdem:
Mehl zum Verarbeiten
Olivenöl

No-knead-Bread

In den USA sind diese Brote der Hit, weil sie leicht gelingen und man sie nicht zu lange von Hand kneten muss (no-knead). Allerdings hat der weiche Teig so seine Tücken; da er recht klebrig ist, empfiehlt sich die Arbeit mit der Teigkarte – diese Bewegung braucht er, um schön porig-luftig zu werden.

1 Am Vortag das Mehl mit der Trockenhefe und dem Salz mischen. Das Bier mit dem Essig und 180 ml Wasser lauwarm erhitzen und zügig mit der Mehlmischung zu einem feuchten, klebrigen Teig verrühren. Einen Gefrierbeutel an einer Seite einschneiden, locker über die Schüssel ziehen und den Teig bei Zimmertemperatur 18 Stunden (über Nacht) gehen lassen.

2 Am nächsten Tag den Teig auf der bemehlten Arbeitsfläche 15- bis 20-mal mit der Teigkarte von einer Seite zur anderen zusammenfalten (siehe S. 23). Ein Gärkörbchen oder eine Schüssel mit Backpapier auslegen (es sollte an den Seiten deutlich überstehen) und den Teig hineinlegen. Frischhaltefolie mit Olivenöl bestreichen und mit der bestrichenen Seite auf dem Teig platzieren. Den Teig bei Zimmertemperatur 2 Stunden gehen lassen.

3 Den Backofen auf 240 °C erhitzen, dabei einen ofenfesten Bräter (z. B. aus Gusseisen, ca. 24 cm ø) auf der untersten Schiene miterhitzen. Sobald die Backtemperatur erreicht ist, den Brotteig samt Backpapier (aber ohne die Folie) in den Bräter setzen und den Bräter mit dem Deckel verschließen. Das Brot 30 Minuten backen. Dann den Deckel abnehmen und die Backofentemperatur auf 220 °C reduzieren. Das Brot offen weitere 15 bis 20 Minuten goldbraun backen.

KRÄUTER-PFEFFER-BROT IM BLUMENTOPF

Zubereitungszeit: 1 Std. | Quellzeit: 2 Std. | Ruhezeit: 1 Std. | Backzeit: ca. 45 Min.

Für 3 Töpfe (à 14 cm ø)

Für den Teig:
Salz
100 g Hirse
50 g Leinsamen
1 Bund Frühlingskräuter
(z.B. Schnittlauch, Kerbel,
Dill, Petersilie)
½ Bund Liebstöckel
2 TL eingelegte grüne Pfefferkörner (aus dem Glas)
50 g frische Hefe
½ TL Honig
350 g Weizenmehl (Type 550)
150 g Dinkelvollkornmehl

Außerdem:
3 neue, unglasierte Tontöpfe
(à 14 cm ø)
Mehl zum Verarbeiten
Butter zum Einfetten

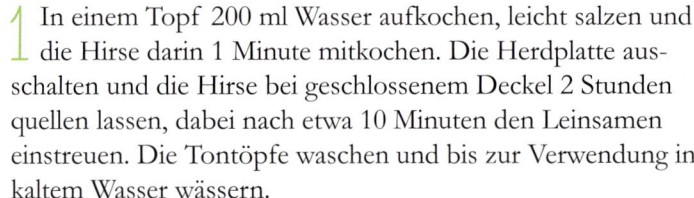

1 In einem Topf 200 ml Wasser aufkochen, leicht salzen und die Hirse darin 1 Minute mitkochen. Die Herdplatte ausschalten und die Hirse bei geschlossenem Deckel 2 Stunden quellen lassen, dabei nach etwa 10 Minuten den Leinsamen einstreuen. Die Tontöpfe waschen und bis zur Verwendung in kaltem Wasser wässern.

2 Die Kräuter waschen und gut trocken tupfen. Die Blätter abzupfen und fein hacken. Die Pfefferkörner abtropfen lassen und nach Belieben hacken.

3 Die Hefe in eine Rührschüssel zerbröckeln, mit dem Honig und 150 ml lauwarmem Wasser verrühren. Zugedeckt 10 Minuten gehen lassen. Beide Mehlsorten mischen und auf dem Hefeansatz verteilen. 1 geh. TL Salz (10 g) und 150 ml lauwarmes Wasser dazugeben und alles mit den Knethaken des Handrührgeräts 3 Minuten auf niedriger Stufe, dann 3 Minuten auf hoher Stufe kneten, dabei die Hirse-Leinsamen-Mischung, die Kräuter und den Pfeffer esslöffelweise unterkneten. Den Teig zu einer Kugel formen und in einer bemehlten Rührschüssel zugedeckt 30 Minuten gehen lassen, zwischendurch dreimal zusammenwirken (siehe S. 22).

4 Die Blumentöpfe aus dem Wasser nehmen, abtrocknen und dick mit Butter einfetten. Aus Backpapier drei kleine Quadrate zurechtschneiden und den Boden der Töpfe damit auslegen. Den Teig erneut durchkneten und in 3 Portionen teilen. Jede Portion zu einer Kugel wirken und mit der Naht nach unten in einen Topf legen. 20 Minuten gehen lassen.

5 Inzwischen den Backofen auf 240 °C vorheizen, dabei ein mit Wasser gefülltes, tiefes Backblech miterhitzen. Sobald die Backtemperatur erreicht ist, das Blech mit dem Wasser herausnehmen. Die Backofentemperatur auf 210 °C reduzieren und das Brot im Ofen auf der mittleren Schiene etwa 45 Minuten goldbraun backen. Auf einem Backgitter leicht auskühlen lassen, die Brote mit einem Messer rundherum vom Topfrand lösen, herausstürzen und vollständig auskühlen lassen.

DUNKLES KÖRNERBROT IM WECKGLAS

Zubereitungszeit: 25 Min. | Quellzeit: 2 Std. 10 Min. | Ruhezeit: 15–20 Min. | Backzeit: 2–2 Std. 30 Min.

Für 4 Weckgläser (à 500 ml)

Für den Teig:
je 50 g Sonnenblumen-
kerne, Kürbiskerne und
Leinsamen
250 g Weizenvollkornmehl
250 g feiner Weizenvollkorn-
schrot
1 geh. TL Salz (10 g)
150 g Naturjoghurt
400 g Buttermilch
90 g Zuckerrübensirup
1 Würfel Hefe (42 g)

Außerdem:
Butter und Haferflocken
für die Gläser

1 Die Sonnenblumenkerne, die Kürbiskerne und den Leinsamen in einer Schüssel mit 150 ml kochendem Wasser
übergießen und zugedeckt 2 Stunden quellen lassen.

2 Die Gläser innen dick mit Butter einfetten. Die Innenwände
und den Boden mit Haferflocken ausstreuen. Das Mehl und
den Weizenschrot mit dem Salz in einer großen Schüssel
mischen, darauf die eingeweichten Körner und den Joghurt
geben. Die Buttermilch und den Zuckerrübensirup bei schwacher bis mittlerer Hitze unter Rühren lauwarm erhitzen. Die
Hefe hineinbröckeln und 10 Minuten quellen lassen. Anschließend zur Mehlmischung geben und alles mit einem Holzlöffel
gründlich verrühren. Den Teig vorsichtig in die Gläser füllen,
sodass sie bis gut über die Hälfte gefüllt sind.

3 Den Teig in den Gläsern 15 bis 20 Minuten gehen lassen
(dazu am besten die Deckel auflegen). Inzwischen den
Backofen auf 160 °C vorheizen. Die Gläser (ohne Deckel) im
Ofen auf einem Gitterrost auf der mittleren Schiene 2 bis
2½ Stunden dunkelbraun und fest backen. Im ausgeschalteten
Ofen fast vollständig auskühlen lassen. Die Körnerbrote
mithilfe eines Messers am Rand entlang von den Gläsern lösen
und herausstürzen.

Brote haltbar machen

Hierfür die Gläser nicht
im Backofen auskühlen lassen,
sondern noch heiß mit Gummiring,
Glasdeckel und Spannern verschließen. Mit den heißen Gläsern jedoch
sehr vorsichtig arbeiten und das
Brot etwa 1 Stunde länger backen.
Einfacher ist es, die aus dem
Glas gelösten Brote
einzufrieren.

QUINOA-SAATEN-BROT

Zubereitungszeit: 45 Min. | Quellzeit: 3 Std. | Ruhezeit: 45 Min. | Backzeit: 30–35 Min.

Für 2 Brote (à 20 Scheiben)

Für den Teig:
100 g rote Quinoa
50 g Sesamsamen
50 g Kürbiskerne
½ Würfel Hefe (21 g)
75 g flüssiger Natursauerteig
(selbst gemacht, siehe S. 20,
oder im Beutel)
300 g Weizenvollkornmehl
200 Weizenmehl (Type 550)
1 geh. TL Salz (10 g)

Außerdem:
Mehl zum Verarbeiten
je 50 g rote Quinoa
und Sesamsamen
zum Bestreuen

1 Die Quinoa auf einem Sieb unter fließendem kaltem Wasser gründlich spülen, um die Bitterstoffe auszuwaschen. Mit den Sesamsamen und den Kürbiskernen in einer Schüssel mit 200 ml kochendem Wasser übergießen und 3 Stunden quellen lassen.

2 Die Hefe in eine Rührschüssel zerbröckeln. Mit 300 ml lauwarmem Wasser und dem Sauerteig verrühren. Beide Mehlsorten mischen. Erst die Körnermischung auf den Hefeansatz geben, darauf das Mehl und darüber das Salz streuen. Alles mit den Knethaken des Handrührgeräts 6 Minuten auf niedriger Stufe, dann 4 Minuten auf hoher Stufe kneten. Den Teig auf der bemehlten Arbeitsfläche zugedeckt 20 Minuten gehen lassen, währenddessen zweimal zusammenwirken (siehe S. 22).

3 Den Teig halbieren und die Hälften jeweils zu zwei länglichen Laiben formen. Mithilfe eines Backpinsels mit Wasser bestreichen. Die Quinoa und den Sesam in einem tiefen Teller mischen und die Brote darin wenden, dabei die Körner leicht andrücken.

4 Beide Brote auf ein mit Backpapier belegtes Backblech geben und zugedeckt noch einmal 25 Minuten gehen lassen, dabei nach 10 Minuten mit einem scharfen Messer mittig der Länge nach nicht zu tief einschneiden (siehe S. 24).

5 Inzwischen den Backofen auf 230 °C vorheizen, dabei ein mit Wasser gefülltes, tiefes Backblech miterhitzen. Sobald die Backtemperatur erreicht ist, das Blech mit dem Wasser herausnehmen. Die Quinoa-Saaten-Brote im Ofen auf der unteren Schiene 15 Minuten backen. Die Backofentemperatur auf 210 °C reduzieren und die Brote weitere 15 bis 20 Minuten braun und knusprig backen.

ZWIEBEL-SPECK-BROT

Zubereitungszeit: 45 Min. | Ruhezeit: 1 Std. 10 Min. | Backzeit: 30–35 Min.

Für 1 Ringbrot

Für den Teig:
250 g Zwiebeln
120 g durchwachsener
Räucherspeck (ohne Schwarte)
2 EL Butterschmalz
30 g frische Hefe
1 TL Honig
300 ml lauwarmes Pils
(ersatzweise Wasser)
300 g Vollkornweizenmehl
200 g Roggenmehl (Type 1150)
7 g Natursauerteigpulver
(für 500 g Mehl; oder
50 g flüssiger Natursauerteig,
selbst gemacht, siehe S. 20,
oder im Beutel)
1 geh. TL Salz (10 g)

Außerdem:
Mehl zum Verarbeiten

1 Die Zwiebeln schälen und in größere Würfel, den Speck in kleine Würfel schneiden. Das Butterschmalz in einer Pfanne erhitzen und die Zwiebeln darin bei schwacher bis mittlerer Hitze goldgelb dünsten. Den Speck dazugeben und bei starker Hitze unter gelegentlichem Rühren weiterbraten, bis Speck und Zwiebeln leicht bräunen.

2 Die Hefe in ein Schälchen zerbröckeln, mit dem Honig und 150 ml lauwarmem Bier verrühren. Zugedeckt 10 Minuten gehen lassen (bei flüssigem Sauerteigansatz diesen bereits jetzt unterrühren). Beide Mehlsorten, das Sauerteigpulver und das Salz in einer Rührschüssel mischen. Das restliche Bier und den Hefeansatz darauf verteilen und alles mit den Knethaken des Handrührgeräts 3 Minuten auf niedriger, dann 5 Minuten auf hoher Stufe kneten. Gegen Ende die lauwarm abgekühlte Speck-Zwiebel-Mischung unterkneten.

3 Den Teig auf der bemehlten Arbeitsfläche zugedeckt 20 Minuten ruhen lassen. Anschließend weitere 20 Minuten ruhen lassen, dabei dreimal zusammenwirken (siehe S. 22). Den Teig erst rund formen, dann mit der Hand ein Loch in die Mitte formen und den Teig nach außen zu einem Ring ziehen. Auf einem mit Backpapier belegten Backblech zugedeckt 20 Minuten ruhen lassen.

4 Den Teig mit einer sauberen Schere auf der Oberfläche links und rechts leicht versetzt jeweils etwa 1 cm tief einschneiden (so bekommt das Brot kleine „Stacheln" wie auf S. 25 beschrieben).

5 Inzwischen den Backofen auf 230 °C vorheizen, dabei ein mit Wasser gefülltes, tiefes Backblech miterhitzen. Sobald die Backtemperatur erreicht ist, das Blech mit dem Wasser herausnehmen. Die Backofentemperatur auf 210 °C reduzieren und das Brot im Ofen auf der unteren Schiene 30 bis 35 Minuten knusprig backen.

KARTOFFELBRÖTCHEN MIT ROSMARIN

Zubereitungszeit: 1 Std. 10 Min. | Ruhezeit: 14 Std. 40 Min. | Backzeit: 25–30 Min.

Für 12 Brötchen

Für den Vorteig:
10 g frische Hefe
1 TL Zucker
100 g Weizenmehl (Type 1050)

Für den Teig:
500 g mehligkochende
Kartoffeln
Salz
½ Würfel Hefe (21 g)
125 ml lauwarme Milch
125 g Weizenmehl (Type 1050)
125 g italienisches Weizenmehl
(Type 00, Pizzamehl,
ersatzweise Type 1050)
50 g Hartweizengrieß
frisch geriebene Muskatnuss
2 EL Olivenöl
3 Zweige Rosmarin
1 große Knoblauchzehe

Außerdem:
Mehl zum Verarbeiten

1 Am Vortag für den Vorteig Hefe, Zucker, 125 ml lauwarmes Wasser und Mehl verrühren. Die Schüssel mit einem an einer Seite eingeschnittenen Gefrierbeutel abdecken und den Vorteig bei Zimmertemperatur 12 Stunden (über Nacht) gehen lassen.

2 Am nächsten Tag Kartoffeln waschen, in reichlich Salzwasser 20 bis 25 Minuten garen. Abgießen, ausdampfen lassen und pellen. Die Hälfte der Kartoffeln in 1,5 cm große Würfel schneiden, die andere Hälfte durch die Kartoffelpresse drücken.

3 Für den Teig die Hefe in eine Rührschüssel zerbröckeln, mit 50 ml lauwarmer Milch verrühren und 10 Minuten gehen lassen. Beide Mehlsorten, Grieß und 3 kräftige Prisen Muskatnuss mischen. Auf den Hefeansatz geben, darüber den Vorteig, 1 TL Salz (10 g), die restliche Milch und 1 EL Olivenöl. Alles mit den Knethaken des Handrührgeräts 4 Minuten auf niedriger, dann 6 Minuten auf hoher Stufe kneten. Den Teig zu einer Kugel formen und in einer bemehlten Schüssel zugedeckt 30 Minuten gehen lassen.

4 Inzwischen den Rosmarin waschen, trocken tupfen, die Nadeln abzupfen und grob hacken. Den Knoblauch schälen und in Scheiben schneiden. Das übrige Olivenöl erhitzen, darin Knoblauch, Kartoffelwürfel und Rosmarin bei mittlerer Hitze leicht braun braten. Vom Herd nehmen, Knoblauch entfernen.

5 Die durchgepressten Kartoffeln zügig und mit wenig Druck unter den Teig kneten, ebenso die lauwarm abgekühlten Rosmarinkartoffeln. Zugedeckt 1 Stunde gehen lassen. Den Teig zu 12 Brötchen formen, auf zwei mit Backpapier belegte Backbleche setzen. Zugedeckt nochmals 1 Stunde gehen lassen.

6 Inzwischen den Backofen auf 210 °C vorheizen, dabei ein mit Wasser gefülltes, tiefes Backblech miterhitzen. Sobald die Backtemperatur erreicht ist, das Blech herausnehmen. Die Brötchen nacheinander im Ofen auf der mittleren Schiene 10 Minuten backen. Die Backofentemperatur auf 190 °C reduzieren, die Brötchen weitere 15 bis 20 Minuten knusprig backen.

PAPRIKA-MAIS-BROT

Zubereitungszeit: 25 Min. | Ruhezeit: 1 Std. 10 Min. | Backzeit: ca. 40 Min.

Für 2 längliche Brote

Für den Teig:
1 kleine Dose Mais
(140 g Abtropfgewicht)
60 g gegrillte rote Paprikaschoten (in Öl; aus dem Glas)
1 rote Chilischote
½ Würfel Hefe (21 g)
400 g Weizenmehl (Type 550)
100 g Roggenmehl (Type 1150)
2 TL Salz (15 g)
100 g Emmentaler Käse
(am Stück)

Außerdem:
Mehl zum Verarbeiten

1 Den Mais in ein Sieb abgießen, kalt abbrausen und abtropfen lassen. Die Paprikaschoten ebenfalls abtropfen lassen
und klein schneiden. Die Chilischote längs halbieren, entkernen, waschen und in sehr feine Würfel schneiden.

2 Die Hefe in ein Schüsselchen zerbröckeln. Mit 150 ml
lauwarmem Wasser verrühren und 10 Minuten gehen lassen.
Inzwischen die beiden Mehlsorten, die Chiliwürfel und das
Salz in einer Rührschüssel mischen. 150 ml lauwarmes Wasser
und den Hefeansatz zur Mehlmischung geben.

3 Alles mit den Knethaken des Handrührgeräts 4 Minuten
auf niedriger Stufe, dann 6 Minuten auf hoher Stufe kneten,
dabei am Ende die Maiskörner unterrühren. Zuletzt die
Paprikastücke von Hand unter den Teig kneten. Den Teig in
einer bemehlten Rührschüssel zugedeckt 30 Minuten gehen
lassen, währenddessen zweimal zusammenwirken (siehe S. 22).
Den Käse fein reiben.

4 Den Teig noch einmal zusammenwirken und halbieren. Aus
beiden Teigportionen jeweils etwa 30 cm lange, an den
Enden spitz auslaufende Teigstangen formen (siehe S. 22) und
nebeneinander auf ein mit Backpapier belegtes Backblech
legen. Mit Wasser bepinseln und mit dem Käse bestreuen,
dabei den Käse ganz leicht andrücken. Die Teigstangen
zugedeckt 30 Minuten gehen lassen.

5 Inzwischen den Backofen auf 220 °C vorheizen, dabei ein
mit Wasser gefülltes, tiefes Backblech miterhitzen. Sobald
die Backtemperatur erreicht ist, das Blech mit dem Wasser
herausnehmen und die Brotstangen im Ofen auf der unteren
Schiene 10 Minuten backen. Die Backofentemperatur auf
210 °C reduzieren und die Paprika-Mais-Brote etwa weitere
30 Minuten fertig backen.

KERNIGES KÜRBISBROT

Zubereitungszeit: 25 Min. | Quellzeit: 2 Std. | Ruhezeit: 50 Min. | Backzeit: 45–50 Min.

1 Sesamsamen, Kürbiskerne und Physalis in einer Schüssel mit 150 ml kochendem Wasser übergießen und 2 Stunden quellen lassen. Danach überschüssiges Wasser ggf. abgießen.

2 Den Kürbis vierteln, schälen und die Kerne mit einem Löffel entfernen. Das Fruchtfleisch (150 g) fein raspeln. Die Hefe in eine Rührschüssel zerbröckeln, mit lauwarmem Apfelsaft und dem Honig verrühren, dann den Sauerteig unterrühren. Beide Mehlsorten mischen und über dem Hefe-ansatz verteilen, darüber das Salz streuen. Alles mit den Knethaken des Handrührgeräts 4 Minuten auf niedriger Stufe, dann 6 Minuten auf hoher Stufe kneten, dabei die Körner-Physalis-Mischung löffelweise dazugeben. Zum Schluss den Kürbis unterkneten. Den Teig in einer bemehlten Rührschüssel zugedeckt 30 Minuten gehen lassen.

3 Die Kastenform mit Butter einfetten, den Teig hineinfüllen und 20 Minuten gehen lassen. Inzwischen den Backofen auf 230 °C vorheizen, dabei ein mit Wasser gefülltes, tiefes Back-blech miterhitzen. Sobald die Backtemperatur erreicht ist, das Blech mit dem Wasser herausnehmen. Die Backofentempera-tur auf 210 °C reduzieren und das Kürbisbrot im Ofen auf der mittleren Schiene 45 bis 50 Minuten knusprig backen.

Für 1 Kastenform (30 cm)

Für den Teig:
je 50 g Sesamsamen,
Kürbiskerne und getrocknete
Physalis
200 g Hokkaido-Kürbis
1 Würfel Hefe (42 g)
¼ l lauwarmer Apfelsaft
1 EL Honig
50 g flüssiger Natursauerteig
(selbst gemacht, siehe S. 20,
oder im Beutel)
250 g Weizenvollkornmehl
200 g Roggenmehl (Type 997)
1 EL Salz (12 g)

Außerdem:
Mehl zum Verarbeiten
Butter für die Form

Backtipp

Die Kürbisraspel sorgen dafür, dass das Brot schön saftig ist. Je nach Beschaffenheit des Frucht-fleisches (mal mehr oder weniger trocken) kann es aber passieren, dass das Brot nach angegebener Backzeit noch nicht völlig durchgebacken ist – also unbedingt die Stäb-chenprobe machen!

TOMATENBROT MIT KRÄUTERN

Zubereitungszeit: 35 Min. | Ruhezeit: 2 Std. 10 Min. | Backzeit: 25–30 Min.

Für 2 kleine Brote
(à 15 Scheiben)

Für den Teig:
100 g getrocknete
Tomaten (in Öl)
+ 1 EL Einlegeöl
10 g frische Hefe
1 TL Gerstenmalzextrakt
500 g Weizenmehl (Type 1050)
1½ TL Kräuter der Provence
1 geh. TL Salz (10 g)
30 g Pinienkerne

Außerdem:
Olivenöl und Mehl
zum Verarbeiten

1 Die Tomaten auf einem Sieb gut abtropfen lassen und in kleine Stücke schneiden. Die Hefe in eine Rührschüssel zerbröckeln. Mit dem Malzextrakt und 150 ml lauwarmem Wasser verrühren und 10 Minuten gehen lassen. Inzwischen das Mehl, die Kräuter und das Salz mischen. Die Mehlmischung auf dem Hefeansatz verteilen. 150 ml lauwarmes Wasser und das Einlegeöl angießen.

2 Alles mit den Knethaken des Handrührgeräts 4 Minuten auf niedriger Stufe, dann 6 Minuten auf hoher Stufe kneten, dabei am Ende die Tomaten und die Pinienkerne unterkneten. Den Teig zu einer Kugel formen, in eine geölte Schüssel legen und mit einer mit Olivenöl bestrichenen Frischhaltefolie abgedeckt 1 Stunde gehen lassen. Den Teig mithilfe einer Teigkarte mehrmals zusammenfalten (siehe S. 23) und weitere 30 Minuten gehen lassen.

3 Den Teig noch einmal zusammenfalten, dann halbieren. Beide Teigportionen jeweils mit den Handballen zu einer leicht flachen, rechteckigen Form drücken. Die Querseiten jeweils von links und rechts zur Mitte einschlagen und nochmals aufeinanderklappen. Auf der bemehlten Arbeitsfläche 30 Minuten gehen lassen.

4 Inzwischen den Backofen auf 220 °C vorheizen, dabei ein mit Wasser gefülltes, tiefes Backblech und das Blech für die Brote miterhitzen. Sobald die Backtemperatur erreicht ist, das Blech mit dem Wasser herausnehmen. Die Brote auf das heiße Blech legen und im Ofen auf der unteren Schiene 10 Minuten backen. Die Backofentemperatur auf 210 °C reduzieren und die Tomatenbrote weitere 15 bis 20 Minuten fertig backen.

MÖHREN-MANDEL-BROT

Zubereitungszeit: 30 Min. | Quellzeit: 2 Std. | Ruhezeit: 50 Min. | Backzeit: 45–50 Min.

Für 1 Kastenform (30 cm)

Für den Teig:

70 g blanchierte ganze
Mandeln
50 g 6-Korn-Flocken
40 g Sonnenblumenkerne
200 g Möhren
½ TL Korianderkörner
1 Würfel Hefe (42 g)
1 EL Zuckerrübensirup
50 g flüssiger Natursauerteig
(selbst gemacht, siehe S. 20,
oder im Beutel)
250 g Weizenmehl (Type 550)
200 g Dinkelmehl (Type 630)
1 TL Salz (10 g)

Außerdem:
Mehl zum Verarbeiten
Butter für die Form

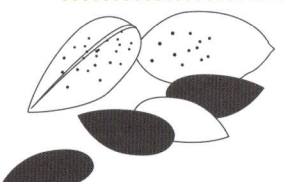

1 Die Mandeln, die Körnerflocken und die Sonnenblumenkerne mit 150 ml kochendem Wasser übergießen und 2 Stunden quellen lassen. Danach überschüssiges Wasser ggf. abgießen.

2 Die Möhren putzen, schälen und grob raspeln. Die Korianderkörner im Mörser grob zerstoßen. ¼ l Wasser aufkochen, die Möhren und den Koriander 1 Minute mitkochen, dann im Wasser abkühlen lassen. Die Möhren mit dem Koriander in ein Sieb abgießen und gründlich ausdrücken, dabei das gesamte Kochwasser auffangen.

3 Die Hefe in eine Rührschüssel zerbröckeln, mit dem lauwarmen Möhrenwasser und dem Zuckerrübensirup verrühren. Den Sauerteig unterrühren und darauf die Körner-Mandel-Mischung geben. Beide Mehlsorten mischen und über dem Hefeansatz verteilen, darüber das Salz streuen. Alles mit den Knethaken des Handrührgeräts 3 Minuten auf niedriger, dann 3 Minuten auf hoher Stufe kneten, dabei gegen Ende die Koriander-Möhren unterrühren. Den Teig in einer bemehlten Rührschüssel zugedeckt 30 Minuten gehen lassen.

4 Die Kastenform mit Butter einfetten, den Teig hineinfüllen und 20 Minuten gehen lassen. Inzwischen den Backofen auf 230 °C vorheizen, dabei ein mit Wasser gefülltes, tiefes Backblech miterhitzen. Bei Erreichen der Backtemperatur das Blech mit dem Wasser herausnehmen, die Backofentemperatur auf 210 °C reduzieren und das Möhren-Mandel-Brot im Ofen auf der mittleren Schiene 45 bis 50 Minuten knusprig backen.

DINKEL-EIWEISSBROT

Zubereitungszeit: 35 Min. | Quellzeit: 2 Std. | Ruhezeit: 1 Std. | Backzeit: 40–45 Min.

1 Den Leinsamen, die Sonnenblumen- und die Kürbiskerne in einer Schüssel mit 150 ml kochendem Wasser übergießen und 2 Stunden quellen lassen. Danach überschüssiges Wasser ggf. abgießen. Die Sojaflocken und die Chiasamen in einem Schälchen mit so viel Wasser übergießen, dass sie knapp bedeckt sind. 15 Minuten quellen lassen.

2 Die Hefe in eine Rührschüssel zerbröckeln, mit dem Honig und 220 ml lauwarmem Wasser verrühren. Den Sauerteig ebenfalls unterrühren. Beide Mehlsorten mischen und über dem Hefeansatz verteilen, darüber das Salz streuen. Den Quark dazugeben und alles mit den Knethaken des Handrührgeräts 3 Minuten auf niedriger Stufe, dann 3 Minuten auf hoher Stufe kneten, dabei gegen Ende die Saatenmischung und die Soja-flocken-Chiasamen-Mischung unterrühren. Den Teig auf der bemehlten Arbeitsfläche zugedeckt 30 Minuten gehen lassen, dabei einmal zusammenwirken (siehe S. 22).

3 Den Teig in zwei Portionen teilen, zusammenwirken und jeweils zu länglichen, leicht spitz auslaufenden Laiben formen (siehe S. 22). Auf ein mit Backpapier belegtes Back-blech legen, mit Wasser bepinseln und mit den Sojaflocken bestreuen. Die Flocken leicht andrücken und mit dem Pinsel noch einmal etwas Wasser über den Flocken auftragen. Zugedeckt weitere 30 Minuten gehen lassen.

4 Inzwischen den Backofen auf 230 °C vorheizen, dabei ein mit Wasser gefülltes, tiefes Backblech miterhitzen. Sobald die Backtemperatur erreicht ist, das Blech mit dem Wasser herausnehmen. Die Dinkel-Eiweißbrote im Ofen auf der unteren Schiene 10 Minuten backen. Die Backofentemperatur auf 210 °C reduzieren und die Brote weitere 30 bis 35 Minuten knusprig braun backen.

Für 2 Brote (à 10–12 Scheiben)

Für den Teig:
je 40 g Leinsamen,
Sonnenblumenkerne und
Kürbiskerne
80 g Sojaflocken
2 EL Chiasamen
25 g frische Hefe
1 TL Honig
50 g flüssiger Natursauerteig
(selbst gemacht, siehe S. 20,
oder im Beutel)
400 g Dinkelvollkornmehl
75 g Süßlupinenmehl
2 TL Salz (15 g)
150 g Magerquark

Außerdem:
Mehl zum Verarbeiten
3 EL Sojaflocken
zum Bestreuen

SÜSSE AUFSTRICHE

Schleckermäuler aufgepasst – mit diesen Aufstrichen könnt ihr noch eins draufsetzen: Mit aromatischer Konfitüre, feiner Schoko-Nuss-Creme oder fruchtigem Frischkäse wird sogar ein richtig herzhaftes Brot zur süßen Versuchung, der keiner widerstehen kann.

SCHOKO-NUSS-CREME & WEISSE SCHOKOCREME

Zubereitungszeit: 40 bzw. 20 Min. | Haltbarkeit: gekühlt 1 bis 2 Wochen bzw. gekühlt 2 Monate

Für je 1 Glas (250 ml)

Schoko-Nuss-Creme

60 g Haselnusskerne
100 g Zartbitterschokolade
(75 % Kakaogehalt)
50 g Butter
2 Msp. Zimtpulver
80 ml Milch
1½–2 EL Puderzucker

Weiße Schokocreme

200 g weiße Schokolade
75 g geröstete, gesalzene
Macadamianüsse
75 g blanchierte ganze Mandeln
25 g Kokosraspel
Mark von ½ Vanilleschote
1 EL Mandel- oder Sonnen-
blumenöl

SCHOKO-NUSS-CREME

1 Den Backofen auf 180 °C vorheizen. Die Haselnüsse auf einem Backblech verteilen und im Ofen auf der mittleren Schiene 6 bis 8 Minuten braun rösten, bis sich die dunklen Häute leicht lösen. Die Nüsse aus dem Ofen nehmen, auf einem Küchentuch abkühlen lassen und die Häute abrubbeln. Die Nüsse vollständig auskühlen lassen.

2 Die Schokolade grob hacken und mit der Butter in einer Metallschüssel im heißen Wasserbad unter gelegentlichem Rühren schmelzen. Vom Herd nehmen. Die Nüsse mit dem Blitzhacker so fein wie möglich mahlen. Mit dem Zimt und der Milch gründlich unter die warme, noch flüssige Schokolade rühren. Je nach gewünschter Süße Puderzucker unterrühren.

3 Die Schoko-Nuss-Creme in ein sauberes Glas füllen, vollständig abkühlen lassen und verschließen.

WEISSE SCHOKOCREME

1 Die Schokolade grob hacken und in einer Metallschüssel im heißen Wasserbad unter gelegentlichem Rühren schmelzen, dann vom Herd nehmen.

2 Inzwischen die Nüsse, die Mandeln und die Kokosraspel mit dem Blitzhacker so fein wie möglich mahlen. Die Nussmischung, das Vanillemark und das Öl gründlich unter die warme, noch flüssige Schokolade rühren.

3 Die Schokocreme in ein sauberes Glas füllen, vollständig abkühlen lassen und verschließen.

MILCH-KARAMELLCREME MIT MEERSALZ

Zubereitungszeit: 1 Std. 45 Min. | Haltbarkeit: gekühlt 2 Monate

Für 1 Glas (300 ml)

250 g Zucker
½ l Milch (3,5 % Fett)
½ Vanilleschote
⅓ TL Backpulver
⅓ TL Fleur de Sel
1 EL Amaretto
(ital. Mandellikör,
nach Belieben)

1 Den Zucker und die Milch in einen großen Topf geben. Das Mark der halben Vanilleschote mit einem spitzen Messer herauskratzen und mit der Schote und dem Backpulver zur Milchmischung in den Topf geben. Unter Rühren einmal aufkochen lassen. Die Hitze reduzieren und alles offen ganz leicht köcheln lassen, dabei in regelmäßigen Abständen umrühren, damit möglichst viel Flüssigkeit verdunsten kann.

2 Nach 1 bis 1¼ Stunden wird die Milch langsam dunkler und eventuell auch schon etwas dicker. Nun häufiger rühren und bei Bedarf die Hitze leicht erhöhen. So lange rühren und weiterköcheln lassen, bis die Milch leicht dicklich-cremig wird und einen schönen hellen Karamellton annimmt (wird sie zu schnell dunkel, die Hitze umgehend reduzieren). Zur Probe einen Holzlöffel in die Creme tauchen: Wenn die Creme daran nicht mehr stark tropft, sondern cremig haften bleibt, ist sie fertig (sie wird beim Abkühlen noch fester).

3 Die Vanilleschote entfernen. Das Fleur de Sel und nach Belieben den Amaretto unterrühren und kurz köcheln lassen. Die heiße Milch-Karamellcreme in ein sauberes Twist-off-Glas füllen und sofort verschließen.

Nicht nur auf Brot

Ich kenne diese Milchcreme aus Frankreich; sie ähnelt der in Lateinamerika verbreiteten Dulce de leche und kann nicht nur auf Brot gestrichen werden. Wer sie dickflüssiger einkochen lässt, kann sie prima als Sauce zu Eis, auf Muffins oder Torten verwenden.

APRIKOSEN-MANDEL-PASTE & NUSS-ORANGEN-CREME

Zubereitungszeit: 20 Min. | Haltbarkeit: 3 Wochen

Für 1 Glas (250 ml bzw. 200 ml)

Aprikosen-Mandel-Paste

100 g getrocknete
(Soft-)Aprikosen
150 g ganze Mandeln
8 g Ingwer
Mark von ½ Vanilleschote
2 Msp. Zimtpulver
3 EL flüssiger Blütenhonig
3–4 EL Mandelöl (oder anderes neutrales Speiseöl)

Nuss-Orangen-Creme

80 g Haselnusskerne
(falls möglich geröstet und
gehäutet, siehe S. 84)
60 g Walnusskerne
40 g gewürfeltes Orangeat
1 Bio-Orange
½ TL gemahlener Kardamom
2 TL Zitronensaft
1 EL Honig (oder Ahornsirup,
nach Belieben)

APRIKOSEN-MANDEL-PASTE

1 Die Aprikosen grob zerschneiden und mit den Mandeln im Blitzhacker grob zerkleinern. Den Ingwer schälen und in sehr feine Würfel schneiden.

2 Ingwer, Vanillemark und Zimt mit dem Honig und 1 EL Öl zu den Aprikosen und Mandeln geben. Alle Zutaten im Blitzhacker nochmals nicht zu fein zerkleinern, es sollten noch kleine Mandelstückchen zu sehen sein. Je nach gewünschter Konsistenz das restliche Öl unterrühren, sodass die Paste schön streichfähig ist. Die Aprikosen-Mandel-Paste in ein sauberes Glas füllen und verschließen.

NUSS-ORANGEN-CREME

1 Die Nüsse grob hacken, das Orangeat etwas feiner. Die Orange heiß waschen, trocken reiben und 3 Msp. Schale fein abreiben. Die Orange halbieren und den Saft auspressen.

2 Alle Zutaten zusammen mit dem Kardamom und dem Zitronensaft in den Blitzhacker geben und zu einer cremigen Masse pürieren. Wem die Creme noch nicht süß genug ist, der kann zusätzlich Honig oder Ahornsirup unterpürieren. Die Nuss-Orangen-Creme in ein sauberes Glas füllen und verschließen.

DATTELPASTE & MARONENCREME

Zubereitungszeit: 25 Min. | Quellzeit: 12 Std. bzw. keine | Haltbarkeit: gekühlt 2–3 Wochen bzw. gekühlt 1–2 Wochen

DATTELPASTE

1 Am Vortag die Cashewnüsse in einer kleinen Schüssel knapp mit Wasser bedecken und mindestens 12 Stunden (am besten über Nacht) quellen lassen.

2 Am nächsten Tag die Datteln entsteinen und grob zerschneiden. Die Bio-Orange heiß waschen, trocken reiben und die Schale fein abreiben. Alle Orangen halbieren und jeweils den Saft auspressen.

3 Die Datteln, die Orangenschale und den Orangensaft in einem kleinen Topf bei mittlerer Hitze aufkochen und offen 2 bis 3 Minuten köcheln lassen, bis die Datteln leicht zerfallen. In ein Sieb abgießen, dabei den Garsud auffangen. Die Datteln abkühlen lassen.

4 Die Cashewnüsse abgießen, mit den Datteln und 50 ml Garsud mit dem Stabmixer (oder im Blitzhacker) fein pürieren (je nach gewünschter Konsistenz noch etwas Garsud dazugeben). Mit Zimt, Nelkenpulver und einer Prise Salz würzen. Die Dattelpaste in ein sauberes Glas füllen, verschließen und kühl lagern.

MARONENCREME

1 Die Maronen mit einem großen Messer in kleine Stücke hacken und mit der Sahne in einen Topf geben. Die Tonkabohne auf einer (Muskat-)Reibe darüberreiben und den Zimt unterrühren. Bei schwacher bis mittlerer Hitze offen 10 bis 15 Minuten köcheln lassen, bis die Sahne fast vollständig eingekocht ist.

2 Die Maronen abkühlen lassen, mit dem Honig und der Butter mit dem Stabmixer fein pürieren. Die Maronencreme in ein sauberes Glas füllen, verschließen und kühl lagern.

Für 1 Glas (300 bzw. 200 ml)

Dattelpaste

100 g Cashewnusskerne
150 g weiche (Medjoul-) Datteln
3 kleine Orangen (davon 1 Bio-Orange)
¼ TL Zimtpulver
2 Msp. Nelkenpulver
Salz

Maronencreme

200 g gegarte Maronen (vakuumverpackt)
100 g Sahne
½ Tonkabohne (ersatzweise Mark von ½ Vanilleschote)
2 Msp. Zimtpulver
4 EL flüssiger Honig
1 EL Butter

TROPICAL CURD

Zubereitungszeit: 35 Min. | Haltbarkeit: gekühlt 2 Monate

Für 2 Gläser (à 250 ml)

1 Bio-Orange
1 Bio-Zitrone
5 Maracujas (Passionsfrüchte)
125 g Butter
250 g Zucker
4 Eier

1 Die Orange und die Zitrone heiß waschen, trocken reiben und die Schale jeweils fein abreiben. Die Orange und die Zitrone halbieren und den Saft auspressen. Die Maracujas halbieren, das Fruchtfleisch mit einem Löffel herauslösen und in einer Rührschüssel kurz mit dem Stabmixer anpürieren (evtl. etwas Orangensaft dazugeben). Anschließend durch ein feines Sieb streichen und den Saft auffangen (die Kerne wegwerfen).

2 Die Butter in Stücke schneiden. Mit dem Zucker, dem Maracujasaft, den Zitrussäften und -schalen in eine Metallschüssel geben. Einen passenden Topf etwa 3 cm hoch mit Wasser füllen und die Schüssel darüberhängen. Die Zutaten bei schwacher Hitze so lange rühren, bis sich der Zucker aufgelöst hat.

3 Die Eier verquirlen und unter die Orangen-Butter-Mischung rühren. Alles bei schwacher Hitze 20 bis 25 Minuten unter möglichst stetigem, kräftigem Rühren mit dem Schneebesen köcheln lassen (gegen Ende der Garzeit wird die Masse immer cremiger und dicker, dann umso kräftiger durchschlagen).

4 Die Masse vom Herd nehmen. Das Tropical Curd in saubere Twist-off-Gläser füllen und diese sofort verschließen. Den Aufstrich am besten kühl und dunkel lagern, nach Anbruch der Gläser im Kühlschrank aufbewahren.

Lemon Curd

Für den englischen Klassiker einfach den Saft von 4 Zitronen (dabei nur von 2 Bio-Zitronen die Schale abreiben) mit dem Mark von ½ Vanilleschote mischen. Das Curd wie im Rezept oben beschrieben zubereiten.

ERDBEERKONFITÜRE MIT PROSECCO & BELLINI-KONFITÜRE

Zubereitungszeit: 30 Min. | Ziehzeit: 4 bzw. 2 Std. | Haltbarkeit: 9 Monate

Für je 4 Gläser (à ca. 250 ml)

Erdbeerkonfitüre mit Prosecco

800 g Erdbeeren
1 Bio-Limette
500 g Gelierzucker (2:1)
200 ml Prosecco

Bellini-Konfitüre

1,2 kg Weinbergpfirsiche
Saft und abgeriebene Schale
von 1 Bio-Limette
2 EL Orangenlikör
500 g Gelierzucker (2:1)
200 ml Prosecco

ERDBEERKONFITÜRE MIT PROSECCO

1 Die Erdbeeren waschen, putzen, trocken tupfen und in Stückchen schneiden. Die Limette heiß waschen, trocken reiben und die Schale fein abreiben. Dann die Limette halbieren und den Saft auspressen. Erdbeeren, Limettenschale und 2 EL Limettensaft mit dem Gelierzucker in einem großen Topf mischen und zugedeckt 4 Stunden Saft ziehen lassen.

2 Den Prosecco unterrühren, alles unter Rühren zum Kochen bringen und 4 bis 5 Minuten sprudelnd kochen lassen. Kurz vor Ende der Garzeit die Gelierprobe machen. Dazu mit dem Kochlöffel etwas Konfitüre auf einen gekühlten Teller tropfen lassen. Wird sie innerhalb einer Minute fest, ist die Konfitüre fertig (ansonsten noch 1 bis 2 Minuten weiterkochen und die Gelierprobe eventuell wiederholen).

3 Die Erdbeerkonfitüre in saubere Twist-off-Gläser füllen, diese sofort verschließen und etwa 5 Minuten auf den Kopf stellen. Wieder umdrehen und auskühlen lassen.

BELLINI-KONFITÜRE

1 Die Weinbergpfirsiche jeweils an der Unterseite kreuzweise einritzen. Mit heißem Wasser überbrühen, 3 Minuten darin ziehen lassen und häuten. Die Pfirsiche entkernen und das Fruchtfleisch in kleine Würfel schneiden.

2 Pfirsichwürfel, 2 EL Limettensaft, Limettenschale, Likör und Gelierzucker mischen und zugedeckt 2 Stunden ziehen lassen. Anschließend den Prosecco dazugeben und die Bellini-Konfitüre wie im Rezept oben beschrieben kochen und in Gläser abfüllen.

KALT GERÜHRTE BEERENKONFITÜRE & ORANGENGELEE

Zubereitungszeit: 20 bzw. 25 Min. | Haltbarkeit: gekühlt 2 Wochen bzw. 12 Monate

KALT GERÜHRTE BEERENKONFITÜRE

1 Die Beeren vorsichtig waschen oder kalt abbrausen, gegebenenfalls putzen und gut abtropfen lassen. Die Früchte mit dem Gelierzucker mischen. Mit dem Zitronensaft in ein hohes Gefäß geben und mit dem Stabmixer fein pürieren.

2 Das Fruchpüree mit dem Stabmixer weitere 10 bis 15 Minuten mixen, bis die Masse dickflüssig wird. Die Beerenkonfitüre in zwei saubere Gläser füllen, diese verschließen und im Kühlschrank aufbewahren.

ORANGENGELEE

1 Den Orangensaft durch ein sehr feines Sieb filtern und in einem Topf zum Kochen bringen. Die Hälfte des Gelierzuckers dazugeben und 2 Minuten unter Rühren sprudelnd kochen lassen. Den restlichen Gelierzucker und den Campari dazugeben und weitere 2 Minunten kochen.

2 Die Gelierprobe machen. Dazu mit dem Kochlöffel etwas Konfitüre auf einen gekühlten Teller tropfen lassen. Wird sie innerhalb einer Minute fest, ist die Konfitüre fertig (ansonsten noch 1 bis 2 Minuten weiterkochen und die Gelierprobe eventuell wiederholen).

3 Das heiße Orangengelee in drei saubere Twist-off-Gläser füllen, diese sofort verschließen und etwa 5 Minuten auf den Kopf stellen. Wieder umdrehen und auskühlen lassen.

Für 2–3 Gläser (à ca. 200 ml)

Kalt gerührte Beerenkonfitüre

300 g gemischte Beeren
(z.B. Himbeeren,
schwarze Johannisbeeren,
Brombeeren, Erdbeeren)
250 g Gelierzucker (1:1)
1 EL Zitronensaft

Orangengelee

500 ml (Blut-)Orangensaft
(ca. 5–6 Orangen)
500 g Gelierzucker (1:1)
3 EL Campari

Blitzschnell

Wer gerne Konfitüre mit besonders frischem Obstaroma genießt, sollte nach „Gelierzucker ohne Kochen" Ausschau halten. Mit ihm lassen sich frische oder aufgetaute Tiefkühlfrüchte in knapp 1 Minute zu Konfitüre pürieren, die gekühlt bis zu 8 Wochen haltbar ist. Der Zucker wird im Verhältnis 1:2 verwendet.

APRIKOSENKONFITÜRE DREIMAL ANDERS

Zubereitungszeit: 40 Min. | Ziehzeit: 3–6 Std. | Haltbarkeit: 9 Monate

Für je 4 Gläser (à 250 ml)

... klassisch

1,2 kg reife Aprikosen
(entsteint 1 kg)
1 kg Gelierzucker (1:1)
(oder 500 g Gelierzucker (2:1)
oder 300 g Gelierzucker (3:1))
Saft von 1 Zitrone

... mit Lavendelblüten

1,2 kg reife Aprikosen
(entsteint 1 kg)
1 kg Gelierzucker (1:1) (oder
500 g Gelierzucker (2:1)
oder 300 g Gelierzucker (3:1))
6 Lavendelblütendolden
(ersatzweise 1½ TL getrocknete
Lavendelblüten)
Saft von 1 Zitrone
2 EL Marillengeist (oder
Orangenlikör, nach Belieben)

... mit Mango

800 g reife Aprikosen
(entsteint 750 g)
1 reife Mango (500 g)
1 Vanilleschote
1 kg Gelierzucker (1:1)
(oder 500 g Gelierzucker (2:1)
oder 300 g Gelierzucker (3:1))
3 EL Zitronensaft

... KLASSISCH

1 Die Aprikosen waschen, halbieren, entsteinen und in kleine Stückchen schneiden. Mit dem Gelierzucker in einem großen Topf gut mischen und zugedeckt 3 bis 6 Stunden Saft ziehen lassen.

2 Den Zitronensaft unterrühren. Alles unter ständigem Rühren zum Kochen bringen und 4 bis 5 Minuten sprudelnd kochen lassen. Die Gelierprobe machen (siehe S. 92).

3 Die Konfitüre heiß in saubere Gläser füllen, diese sofort verschließen und abkühlen lassen.

... MIT LAVENDELBLÜTEN

1 Die Aprikosen waschen, halbieren, entsteinen und in kleine Stückchen schneiden. Mit dem Gelierzucker mischen.

2 Die Lavendelblüten waschen, trocken schütteln, von den Rispen streifen und unter die Früchte mischen. Zugedeckt 6 Stunden (oder über Nacht) ziehen lassen. Den Zitronensaft unterrühren und die Konfitüre wie beschrieben kochen. Zum Schluss den Marillengeist unterrühren, 1 Minute köcheln lassen.

3 Die Konfitüre heiß in saubere Gläser füllen, diese sofort verschließen und abkühlen lassen.

... MIT MANGO

1 Die Aprikosen wie links beschrieben vorbereiten. Die Mango schälen, das Fruchtfleisch vom Stein schneiden und in kleine Würfel schneiden. Die Vanilleschote längs aufschneiden und das Mark herauskratzen.

2 Vanillemark und -schote, Aprikosen, Mango und Gelierzucker mischen und 3 Stunden ziehen lassen. Zitronensaft unterrühren und die Konfitüre wie beschrieben kochen.

3 Die Vanilleschote entfernen. Die Konfitüre heiß in saubere Gläser füllen, diese sofort verschließen und abkühlen lassen.

BRATAPFEL-CRANBERRY-KONFITÜRE

Zubereitungszeit: 30 Min. | Ziehzeit: 2 Std. | Garzeit: 35 Min. | Haltbarkeit: 6 Monate

Für 6 Gläser (à ca. 250 ml)

1,2 kg Äpfel
(z.B. Boskop)
4 EL Zitronensaft
2 EL Zucker
1 TL Zimtpulver
1 EL Butter
500 g Cranberrys
5 g Ingwer
1 Bio-Orange
1 Vanilleschote
1 kg Gelierzucker (1:1) (oder
500 g Gelierzucker (2:1) oder
300 g Gelierzucker (3:1))
2 EL Orangenlikör
(nach Belieben)

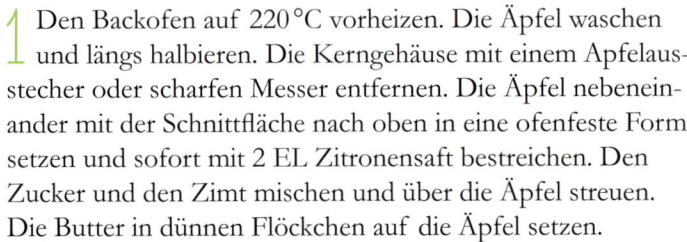

1 Den Backofen auf 220 °C vorheizen. Die Äpfel waschen und längs halbieren. Die Kerngehäuse mit einem Apfelausstecher oder scharfen Messer entfernen. Die Äpfel nebeneinander mit der Schnittfläche nach oben in eine ofenfeste Form setzen und sofort mit 2 EL Zitronensaft bestreichen. Den Zucker und den Zimt mischen und über die Äpfel streuen. Die Butter in dünnen Flöckchen auf die Äpfel setzen.

2 Die Äpfel im Ofen auf der mittleren Schiene etwa 30 Minuten garen, bis das Fruchtfleisch richtig weich ist. Herausnehmen und etwas abkühlen lassen, dann das Fruchtfleisch mit einem Löffel aus den Schalen kratzen. Davon 600 g abwiegen, eventuell noch etwas zerdrücken.

3 Die Cranberrys waschen und trocken tupfen. Den Ingwer schälen und fein hacken. Die Orange heiß waschen, einen Streifen Schale abschneiden und den Saft auspressen. Die Vanilleschote längs aufschneiden und das Mark herauskratzen. Bratapfelmus, Cranberrys, restlichen Zitronensaft, Ingwer, Orangensaft, Orangenschale, Vanillemark und Vanilleschote mit dem Gelierzucker und nach Belieben mit dem Likör in einem Topf mischen. Zugedeckt 2 Stunden ziehen lassen.

4 Alle Zutaten unter Rühren zum Kochen bringen und offen 4 bis 5 Minuten sprudelnd kochen lassen, dabei ständig rühren. Die Gelierprobe machen (siehe S. 92), die Orangenschale und die Vanilleschote entfernen und die fertige Bratapfel-Cranberry-Konfitüre in saubere Gläser füllen. Die Gläser sofort verschließen, 5 Minuten auf den Kopf stellen, dann umdrehen und fertig auskühlen lassen.

LATTE-MACCHIATO-CREME & ERDNUSSBUTTER-FRISCHKÄSE

Zubereitungszeit: 20 bzw. 15 Min. | Ziehzeit: 1 Std. | Haltbarkeit: gekühlt 2–3 Tage

LATTE-MACCHIATO-CREME

1 Die Sahne in einem Topf erhitzen und das Espressopulver unter Rühren vollständig darin lösen. Die Schokolade zerbröckeln und in der Sahne unter Rühren schmelzen. Den Topf vom Herd nehmen und die Masse mindestens lauwarm abkühlen lassen.

2 Den Mascarpone unter die Espresso-Schokoladenmasse ziehen, dabei je nach gewünschter Süße Puderzucker gründlich unterrühren. Die Latte-Macchiato-Creme mindestens 1 Stunde im Kühlschrank durchziehen lassen und später auch dort aufbewahren.

ERDNUSSBUTTER-FRISCHKÄSE

1 Die Butter in einer Rührschüssel mit den Quirlen des Handrührgeräts cremig-weiß rühren. Frischkäse, Erdnussbutter, Puderzucker und Zimt dazugeben und alle Zutaten kurz cremig verrühren.

2 Die Schokolade und die Erdnüsse je nach Belieben fein oder grob hacken und unter die Creme heben. Den Erdnussbutter-Frischkäse mindestens 1 Stunde im Kühlschrank durchziehen lassen und später auch dort aufbewahren.

Für je 4–6 Portionen

Latte-Macchiato-Creme

5 EL Sahne
1 TL Instant-Espressopulver
50 g Vollmilchschokolade
200 g Mascarpone
1–2 EL Puderzucker

Erdnussbutter-Frischkäse

125 g weiche Butter
150 g Doppelrahmfrischkäse
50 g Erdnussbutter
40 g Puderzucker
1 Msp. Zimtpulver
20 g Zartbitterschokolade
2 EL ungesalzene, geröstete Erdnüsse

Auch für Cupcakes

Beide Cremes schmecken so köstlich, dass man sie am liebsten direkt mit dem Löffel essen würde. Warum eigentlich nicht? Aber vielleicht doch besser mit der Kuchengabel – beide lassen sich nämlich hervorragend als Creme für Muffins verwenden, die so ganz flink zu 1a-Cupcake-Törtchen werden.

VANILLE-LIMETTEN-FRISCHKÄSE

Zubereitungszeit: 20 Min. | Haltbarkeit: gekühlt 2–3 Tage

Für 4–6 Portionen

1 Bio-Limette
1 Vanilleschote
200 g Sahnequark (40 %)
80 g Doppelrahmfrischkäse
2 TL Puderzucker
125 g frische Beeren
(z.B. Himbeeren, Heidel-
beeren, Erdbeeren)

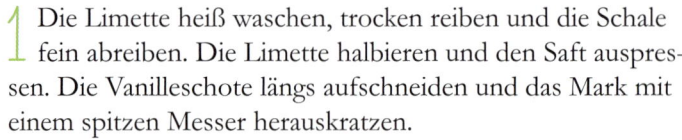

1 Die Limette heiß waschen, trocken reiben und die Schale fein abreiben. Die Limette halbieren und den Saft auspressen. Die Vanilleschote längs aufschneiden und das Mark mit einem spitzen Messer herauskratzen.

2 Quark, Frischkäse, Limettenschale, 2 EL Limettensaft und Puderzucker in einer kleinen Schüssel zuerst mit einer Gabel vermischen, dann mit einem Löffel glatt verrühren (eventuell noch etwas Limettensaft dazugeben).

3 Die Beeren vorsichtig waschen und gegebenenfalls putzen, trocken tupfen und je nach Größe zerkleinern. Nach Belieben unter die Creme rühren oder den Vanille-Limetten-Frischkäse auf das Brot streichen und mit den Beeren belegen.

Clever aufbewahren

Wer die Beeren unter die Creme rührt, sollte sie am gleichen Tag noch aufbrauchen – die Früchte ziehen Wasser und die Creme wird flüssig. Daher die Creme besser solo aufbewahren und immer frisches Obst unterheben – so kann man auch nach Saison und Lust und Laune variieren.

ZIEGENFRISCHKÄSE MIT FEIGEN

Zubereitungszeit: 20 Min. | Haltbarkeit: gekühlt 2 Tage

Für 4–6 Portionen

4 frische blaue Feigen
5 Rosmarinnadeln
1 EL Zucker
2 EL Portwein
abgeriebene Schale und Saft
von ½ Bio-Zitrone
125 g cremiger Ziegen-
frischkäse

1 Die Feigen waschen, die Stielansätze entfernen und die Früchte jeweils in acht Spalten schneiden. Die Rosmarinnadeln waschen, trocken tupfen und fein hacken.

2 Den Zucker in einer beschichteten Pfanne bei mittlerer Hitze goldgelb karamellisieren. Die Feigen hineinlegen, mit dem Rosmarin bestreuen und mit dem Portwein ablöschen. So lange kochen, bis sich der Karamell gelöst hat, dabei die Feigen vorsichtig wenden. Im Karamell abkühlen lassen.

3 2 Msp. Zitronenschale unter den Ziegenfrischkäse rühren. 1 EL Zitronensaft mit den karamellisierten Feigen mischen. Die Feigen samt Sud locker mit dem Frischkäse vermischen (siehe auch Tipp auf S. 98), dabei die Creme eher marmorieren, als alles vollständig zu verrühren.

Très français …

Süße Früchte mit würzigem Rosmarin und fein säuerlichem Ziegenkäse sind typisch französisch. Wer möchte, kann die gegarten Rosmarinfeigen auch einmal zu anderem Käse (natürlich auch auf Brot) probieren; ideal sind Brie, Blauschimmel- oder kräftige (Ziegen-)Weichkäse.

HERZHAFTE AUFSTRICHE

Endlich raus aus dem Käse-&-Wurst-Einerlei:
Tolle Brote brauchen neue, aufregende Aufstriche
oder richtig gut gemachte Klassiker. Da kommen
uns hausgemachte Leberwurst, Lachsrillette,
Radieschenquark und viele spannende
Gemüseaufstriche doch gerade recht.

KRÄUTERBUTTER DREIMAL ANDERS

Zubereitungszeit: 15–25 Min. | Haltbarkeit: gekühlt 4–5 Tage

Für je 1 Glas (à ca. 200 ml)

... klassisch	... mit Limette & Petersilie	... mit Pilzen
150 g weiche (Sauerrahm-)Butter	150 g weiche (Sauerrahm-)Butter	30 g getrocknete Steinpilze
je ½ Bund Petersilie,	⅓ Bund Petersilie	1 Schalotte
Rosmarin und Oregano	1 Knoblauchzehe	1 Knoblauchzehe
3 Stiele Estragon	abgeriebene Schale und Saft	1 Zweig Rosmarin
1 Knoblauchzehe	von 1 Bio-Limette	2 Zweige Thymian
2 Msp. abgeriebene	Salz • Pfeffer aus der Mühle	150 g weiche (Sauer-
Bio-Zitronenschale	1–2 Msp. Chilipulver	rahm-)Butter
1 TL Zitronensaft		Salz • Pfeffer aus der Mühle
1 Msp. Currypulver • Salz		
Pfeffer aus der Mühle		

... KLASSISCH

1 Die weiche Butter in Stücke schneiden, in eine Rührschüssel geben und mit den Quirlen des Handrührgeräts cremigweiß rühren.

2 Die Kräuter waschen und gut trocken tupfen, die Blätter bzw. Nadeln abzupfen und fein hacken. Den Knoblauch schälen und zur Butter pressen. Die Kräuter, die Zitronenschale und den Zitronensaft gründlich unter die Butter rühren, mit Currypulver, Salz und Pfeffer würzen.

3 Die Kräuterbutter in ein sauberes Glas füllen und kühl stellen.

... MIT LIMETTE & PETERSILIE

1 Die weiche Butter wie links beschrieben cremig rühren.

2 Die Petersilie waschen, trocken schütteln, die Blätter abzupfen und fein hacken. Den Knoblauch schälen und zur Butter pressen. Petersilie, Limettenschale und 3 EL Limettensaft unter die Butter rühren, mit Salz, Pfeffer und Chilipulver würzen. In ein sauberes Glas füllen und kühl stellen.

... MIT PILZEN

1 Die Pilze mit kochendem Wasser übergießen und 15 Minuten quellen lassen. Abgießen und fein hacken.

2 Die Schalotte und den Knoblauch schälen, in feine Würfel schneiden. Die Kräuter waschen, trocken tupfen, die Blätter abzupfen und fein hacken.

3 In einer Pfanne 1 EL Butter erhitzen, darin die Schalotte und den Knoblauch goldgelb andünsten. Pilze und Kräuter dazugeben und unter Rühren die Flüssigkeit verdampfen lassen. Mit Salz und Pfeffer würzen, die Pilzmasse abkühlen lassen.

4 Die restliche Butter wie links beschrieben cremig rühren. Die Pilzmischung darunterrühren und eventuell mit Salz und Pfeffer würzen. In ein sauberes Glas füllen und kühl stellen.

FRISCHKÄSEAUFSTRICH ZWEIMAL ANDERS

Zubereitungszeit: 30 bzw. 10 Min. | Marinierzeit: ca. 30 Min. bzw. keine | Haltbarkeit: gekühlt 2–3 Tage

Für je 4 Portionen

Ziegenfrischkäse mit Aprikosen

25 getrocknete (Soft-)Aprikosen
2 EL Cognac (ersatzweise Orangensaft)
10 Nadeln Rosmarin
1 kleiner Stiel Estragon
½ TL körniger Senf
2 Msp. abgeriebene Bio-Zitronenschale
125 g cremiger Ziegenfrischkäse
Salz • Pfeffer aus der Mühle

Kürbis-Curry-Frischkäse

120 g Hokkaido-Kürbis
5 g Ingwer
1 Schalotte
1 EL Öl
2 TL mildes Currypulver
Salz • Pfeffer aus der Mühle
2 EL Naturjoghurt
200 g Frischkäse
1–2 Spritzer Zitronensaft
1 EL gehackte Petersilie

ZIEGENFRISCHKÄSE MIT APRIKOSEN

1 Die Aprikosen in kleine Würfel schneiden. In einer Schüssel mit dem Cognac mischen und etwa 30 Minuten marinieren.

2 Inzwischen den Rosmarin und den Estragon waschen, trocken tupfen, die Estragonblätter abzupfen. Die Kräuter fein hacken und mit dem Senf und der Zitronenschale unter den Ziegenfrischkäse rühren.

3 Die Aprikosen unter die Ziegenkäsecreme heben und den Frischkäseaufstrich mit Salz und Pfeffer würzen.

KÜRBIS-CURRY-FRISCHKÄSE

1 Den Kürbis vierteln, schälen und die Kerne mit einem Löffel entfernen. Das Fruchtfleisch auf der Rohkostreibe grob raspeln. Den Ingwer schälen und fein hacken. Die Schalotte schälen und in feine Würfel schneiden.

2 Das Öl in einer Pfanne erhitzen, die Schalotte darin andünsten. Den Kürbis und den Ingwer 1 Minute mitanbraten, mit dem Currypulver bestäuben und 1 weitere Minute unter Rühren braten. Mit Salz und Pfeffer würzen. 3 bis 4 EL Wasser unterrühren und alle Zutaten bei schwacher Hitze 5 Minuten unter gelegentlichem Rühren dünsten (der Kürbis soll noch etwas Biss haben). Vom Herd nehmen und abkühlen lassen.

3 Die Kürbismischung mit dem Joghurt und dem Frischkäse verrühren, mit Salz, Pfeffer und Zitronensaft würzen. Den Frischkäseaufstrich zum Schluss mit der Petersilie bestreuen.

PAPRIKA-TOFU-CREME & TOMATEN-TOFU-CREME

Zubereitungszeit: 15 bzw. 20 Min. | Haltbarkeit: gekühlt 2–3 Tage

Für je 4 Portionen

Paprika-Tofu-Creme

200 g Naturtofu
180 g gegrillte Paprikaschoten
(in Öl; aus dem Glas)
½ Knoblauchzehe
1 kleine, nicht zu scharfe rote
Peperonischote
6 Zweige (Zitronen-)Thymian
40 g Rauchmandeln
Salz • Pfeffer aus der Mühle

Tomaten-Tofu-Creme

200 g Naturtofu
1 Tomate
1 kleine Zwiebel
1 Knoblauchzehe
4 EL Olivenöl
3 EL Tomatenmark
Salz • Pfeffer aus der Mühle
Zucker
½ TL getrockneter Oregano
1 Stiel Basilikum
1 Spritzer Zitronensaft

PAPRIKA-TOFU-CREME

1 Den Tofu trocken tupfen und mit einer Gabel grob zerbröseln. Die Paprikaschoten auf einem Sieb abtropfen lassen, leicht mit Küchenpapier trocken tupfen und klein schneiden. Den Knoblauch schälen und grob hacken. Die Perperoni längs halbieren, entkernen, waschen und in möglichst kleine Würfel schneiden. Den Thymian waschen, trocken schütteln, die Blätter abzupfen und grob hacken.

2 Alle Zutaten mit den Mandeln im Blitzhacker nach Belieben mehr oder weniger fein pürieren. Die Paprika-Tofu-Creme mit Salz und Pfeffer würzen.

TOMATEN-TOFU-CREME

1 Den Tofu trocken tupfen und mit einer Gabel grob zerbröseln. Die Tomate waschen, halbieren und in kleine Würfel schneiden, dabei den Stielansatz entfernen. Die Zwiebel und den Knoblauch schälen und fein hacken.

2 In einer Pfanne 2 EL Olivenöl erhitzen, darin die Zwiebel und den Knoblauch goldgelb dünsten. Das Tomatenmark unterrühren und unter Rühren kurz mitrösten, dann die Tomate und den Tofu dazugeben. Mit Salz, Pfeffer, 1 Prise Zucker und Oregano würzen. Alles unter Rühren 3 bis 5 Minuten weiterbraten, vom Herd nehmen und abkühlen lassen.

3 Das Basilikum waschen und trocken tupfen, die Blätter abzupfen und klein schneiden. Die Tofumasse mit dem restlichen Olivenöl und dem Zitronensaft im Blitzhacker (oder mit dem Stabmixer) fein pürieren. Die Tomaten-Tofu-Creme mit dem Basilikum bestreuen.

BERGKÄSEQUARK & RADIESCHENQUARK

Zubereitungszeit: 20 bzw. 15 Min. | Ziehzeit: 6 Std. bzw. keine | Haltbarkeit: gekühlt 2–3 Tage

Für je 4 Portionen

Bergkäsequark

2 EL Kürbiskerne
½ TL ganzer Kümmel
80 g Bergkäse (am Stück)
250 g Magerquark
2 EL griechischer Joghurt
(10 % Fett)
Salz • Pfeffer aus der Mühle
1 EL Butter
1 Frühlingszwiebel
1 Kästchen Kresse

Radieschenquark

1 EL Sonnenblumenkerne
5 Radieschen
¼ roter Apfel (z.B. Jonagold)
150 g Magerquark
2 EL Sahne
Salz • Pfeffer aus der Mühle
1 Spritzer Zitronensaft
½ Bund Schnittlauch

BERGKÄSEQUARK

1 Die Kürbiskerne in einer Pfanne ohne Fett rösten, bis sie leicht duften. Aus der Pfanne nehmen und abkühlen lassen. Den Kümmel grob hacken, den Bergkäse fein reiben.

2 Den Quark auf einem Sieb kurz abtropfen lassen, dann in einer Schüssel mit dem Joghurt verrühren. Die Kürbiskerne und den Käse unterziehen, mit Kümmel, Salz und Pfeffer herzhaft abschmecken. Die Butter zerlassen, abkühlen lassen und unter den Quark rühren. Mindestens 6 Stunden im Kühlschrank ziehen lassen.

3 Die Frühlingszwiebel putzen, waschen und mit dem Grün in feine Ringe schneiden. Die Kresse vom Beet abschneiden, waschen und trocken tupfen. Beides unter den Bergkäsequark rühren und nach Bedarf noch einmal mit Salz und Pfeffer abschmecken.

RADIESCHENQUARK

1 Die Sonnenblumenkerne in einer Pfanne ohne Fett rösten, bis sie leicht bräunen und duften. Aus der Pfanne nehmen und abkühlen lassen.

2 Die Radieschen putzen und waschen. Radieschen und Apfel auf der Rohkostreibe in feine Stifte (Julienne) hobeln (oder mit dem Messer in feine Stifte oder Scheiben schneiden).

3 Den Quark mit der Sahne glatt verrühren, die Radieschen und die Sonnenblumenkerne unterheben. Mit Salz, Pfeffer und Zitronensaft abschmecken. Den Schnittlauch waschen, trocken schütteln und in Röllchen schneiden. Den größten Teil unterheben, den Rest über den Radieschenquark streuen.

FETACREME ZWEIMAL ANDERS

Zubereitungszeit: 25 Min. | Haltbarkeit: gekühlt 2–3 Tage

Für je 4 Portionen

Artischocken-Feta-Creme

1 Dose Artischocken-
herzen oder -viertel (in Salz-
lake; Abtropfgewicht 180 g)
100 g Feta (Schafskäse)
½ Knoblauchzehe
2 Stiele Basilikum
5 Stiele Petersilie
½ Bund Dill
2 Zweige (Zitronen-)Thymian
1 EL Olivenöl
Salz • Pfeffer aus der Mühle

Rote-Bete-Feta-Creme

200 g Rote Beten
(vorgegart und vakuumiert)
60 g Feta (Schafskäse)
$1/3$ Bund Dill
½ TL gemahlener
Kreuzkümmel
2 EL Pernod (frz. Anisaperitif;
ersatzweise Wasser)
Salz • Pfeffer aus der Mühle
2 Spritzer Zitronensaft

ARTISCHOCKEN-FETA-CREME

1 Die Artischocken auf einem Sieb sehr gut abtropfen lassen. Den Feta trocken tupfen und grob zerbröckeln. Den Knoblauch schälen und grob hacken. Die Kräuter waschen, und trocken tupfen. Die Blätter bzw. Dillspitzen abzupfen und grob zerschneiden.

2 Alle Zutaten mit dem Olivenöl im Blitzhacker nach Belieben mehr oder weniger fein pürieren. Die Artischocken-Feta-Creme mit Salz und Pfeffer würzen.

ROTE-BETE-FETA-CREME

1 Die Roten Beten und den Feta trocken tupfen und jeweils grob in Stücke schneiden. Den Dill waschen, gut trocken schütteln, die Spitzen abzupfen und fein hacken. Einige Dillspitzen für die Garnitur beiseitelegen. Den restlichen Dill mit Roten Beten, Feta, Kreuzkümmel und Pernod im Blitzhacker cremig pürieren.

2 Die Rote-Bete-Feta-Creme mit Salz, Pfeffer und Zitronensaft pikant abschmecken und mit dem beiseitegelegten Dill garnieren.

GRILLGEMÜSE-AUFSTRICH

Zubereitungszeit: 25 Min. | Garzeit: 1 Std. | Haltbarkeit: gekühlt 4–5 Tage

Für 4 Portionen

1 Stange Staudensellerie
1 gelbe Paprikaschote
1 kleine Möhre
6 Cocktailtomaten
1 kleine Zwiebel
1 Knoblauchzehe
5 Zweige Thymian
½ TL Fenchelsamen
2 EL Olivenöl
Salz • Pfeffer aus der Mühle
Zucker
2 EL Weißwein
(ersatzweise Wasser)
3 Stiele Petersilie

1 Den Backofen auf 200 °C vorheizen. Das Gemüse putzen und schälen bzw. waschen. Den Sellerie und die Möhre in schmale Scheiben, die Paprika in 1 cm große Würfel schneiden, die Tomaten halbieren. Die Zwiebel und den Knoblauch schälen, die Zwiebel in dünne Spalten, den Knoblauch in Scheiben schneiden. Den Thymian waschen, trocken schütteln, die Blätter abzupfen und fein hacken. Den Fenchelsamen mit einem großen Messer grob hacken.

2 Gemüse, Zwiebel, Knoblauch, Thymian und Fenchelsamen in einer ofenfesten Form mit dem Olivenöl mischen. Mit Salz und Pfeffer würzen und mit 2 Prisen Zucker bestreuen. Im Ofen auf der mittleren Schiene etwa 1 Stunde garen, dabei nach etwa 10 Minuten den Wein dazugeben. Das Gemüse während des Garens mehrmals mit einem Löffel durchrühren – die Flüssigkeit sollte möglichst vollständig verdunsten und das Gemüse schön bräunen.

3 Das Gemüse aus dem Ofen nehmen und abkühlen lassen. Die Petersilie waschen, trocken tupfen, die Blätter abzupfen und fein hacken. Das Gemüse im Blitzhacker (oder mit dem Stabmixer) nicht zu fein pürieren. Den Grillgemüse-Aufstrich eventuell noch einmal mit Salz und Pfeffer würzen und mit der gehackten Petersilie bestreuen.

Sommerklassiker

Für diesen Dip läuft bei mir auch bei hochsommerlichen Temperaturen der Ofen heiß: Er schmeckt einfach herrlich nach Sonne und Süden und ist abends auf Ciabatta oder Baguette genauso der Renner wie als Dip zu Fleisch bei Grillpartys – da lohnt es sich, immer gleich die doppelte Menge zu machen.

TOMATEN-OLIVEN-PASTE

Zubereitungszeit: 25 Min. | Garzeit: 25 Min. | Haltbarkeit: gekühlt 4–5 Tage

Für 4 Portionen

150 g Cocktailtomaten
2 Knoblauchzehen
1 Zweig Rosmarin
1–2 EL Olivenöl
Pfeffer aus der Mühle
¼ TL Zucker
40 g getrocknete Tomaten
60 g grüne Oliven (ohne Stein;
trocken eingelegt)
1 EL Kapern
2 Zweige Thymian
Salz

1 Den Backofen auf 200 °C vorheizen. Die Tomaten waschen und halbieren. Die Tomatenhälften mit den Schnittflächen nach oben in eine kleine, flache, ofenfeste Form legen.

2 Den Knoblauch schälen und in Scheiben schneiden. Den Rosmarin waschen, trocken tupfen und die Nadeln abzupfen. Den Knoblauch und den Rosmarin zwischen den Tomaten verteilen. Mit 1 EL Olivenöl beträufeln, mit Pfeffer würzen und mit dem Zucker bestreuen. Die Tomaten im Ofen auf der mittleren Schiene 20 bis 25 Minuten garen, bis sie leicht bräunen und einschrumpeln.

3 Die Tomaten aus dem Ofen nehmen und leicht abkühlen lassen. Inzwischen die getrockneten Tomaten klein schneiden. Die Oliven in grobe Stücke schneiden, die Kapern auf einem Sieb abtropfen lassen. Den Thymian waschen und trocken tupfen. Die Blätter abzupfen und grob hacken.

4 Alle Zutaten mit den Ofentomaten im Blitzhacker (oder mit dem Stabmixer) nicht zu fein pürieren; sollte die Paste zu trocken sein, das restliche Öl mitpürieren. Die Tomaten-Oliven-Paste nach Belieben nochmals mit Salz und Pfeffer abschmecken.

AUBERGINENCREME

Zubereitungszeit: 25 Min. | Garzeit: 25–30 Min. | Haltbarkeit: gekühlt 2–3 Tage

1 Den Backofen auf 200 °C vorheizen. Die Auberginen putzen, waschen und längs halbieren. Den Knoblauch schälen und längs in schmale Stifte schneiden. Jede Auberginenhälfte auf der Schnittfläche mit einem Messer mehrmals tief einstechen und die Knoblauchstifte in die Einschnitte stecken. Anschließend die Schnittflächen mit Olivenöl bepinseln, mit Salz und Pfeffer bestreuen.

2 Ein Stück Alufolie auf Backblechgröße zuschneiden und die Auberginen jeweils mit der Schnittfläche nach unten darauflegen. Die Auberginen mit der Folie auf ein Backblech legen und im Ofen auf der oberen Schiene 25 bis 30 Minuten garen, bis sie richtig weich sind. Die Auberginen herausnehmen und abkühlen lassen.

3 Inzwischen die Minze und das Basilikum waschen und trocken tupfen. Die Blätter abzupfen und grob hacken. Mit einem Teelöffel das Fruchtfleisch aus den Auberginen herauskratzen (falls sehr viele Samenstränge darin sind, diese wegwerfen). Das Fruchtfleisch grob zerkleinern und mit den Kräutern, dem Tahin und dem Kreuzkümmel im Blitzhacker (oder mit dem Stabmixer) fein pürieren. Die Auberginencreme mit Salz, Pfeffer und dem Zitronensaft würzen.

Für 4 Portionen

2 Auberginen (à 200 g)
1 Knoblauchzehe
4 TL Olivenöl
Salz • Pfeffer aus der Mühle
1 Stiel Minze
2 Stiele Basilikum
1 EL Tahin (Sesampaste)
2 Msp. gemahlener Kreuzkümmel
1–2 EL Zitronensaft

Grill it!

Wer die Möglichkeit hat, sollte die Auberginen beim sommerlichen Holzkohlegrillen mit auf den Rost legen. Idealerweise erst kurz mit der Schalenseite nach unten anrösten, dann in Folie eingewickelt weich garen. Zusammen mit Tahin bekommt der Dip so ein unvergleichlich rauchiges Aroma.

PAPRIKA-APRIKOSEN-CREME & ERBSEN-CURRY-CREME

Zubereitungszeit: 35 Min. | Haltbarkeit: gekühlt 2–3 Tage

Für je 4 Portionen

Paprika-Aprikosen-Creme

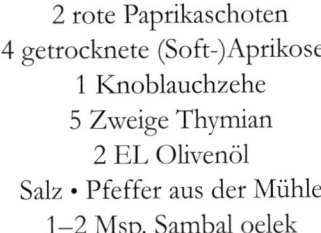

2 rote Paprikaschoten
4 getrocknete (Soft-)Aprikosen
1 Knoblauchzehe
5 Zweige Thymian
2 EL Olivenöl
Salz • Pfeffer aus der Mühle
1–2 Msp. Sambal oelek
1 EL geröstete, gesalzene
Cashewnüsse
¼ TL Ras-el-Hanout (orientalische Gewürzmischung,
ersatzweise Kreuzkümmel)

Erbsen-Curry-Creme

2 Schalotten
1 EL Butter
250 g Erbsen (tiefgekühlt)
1 TL gekörnte Brühe
¾ TL Currypulver
½ TL getrockneter Estragon
Salz • Pfeffer aus der Mühle
1 EL Mascarpone
1–2 Spritzer Zitronensaft

PAPRIKA-APRIKOSEN-CREME

1 Die Paprikaschoten längs halbieren, entkernen, waschen und in 1 cm große Stücke schneiden. Die Aprikosen in Streifen schneiden. Den Knoblauch schälen und fein hacken. Den Thymian waschen, trocken schütteln, die Blätter abzupfen und fein hacken.

2 Das Olivenöl in einer Pfanne erhitzen, die Paprika darin bei starker Hitze anbraten, bis sie leicht bräunen. Mit Salz, Pfeffer und Sambal oelek würzen. Die Hitze reduzieren, den Knoblauch und den Thymian kurz mitbraten, dann 1 bis 2 EL Wasser angießen. Alles bei mittlerer Hitze 12 bis 15 Minuten garen, bis die Paprikastücke weich sind. Vom Herd nehmen und abkühlen lassen.

3 Die Paprikamischung, die Aprikosen, die Cashewnüsse und das Ras-el-Hanout im Blitzhacker (oder mit dem Stabmixer) nicht zu fein pürieren.

ERBSEN-CURRY-CREME

1 Die Schalotten schälen und in feine Würfel schneiden. Die Butter in einer Pfanne erhitzen und die Schalotten darin goldgelb andünsten. Die Erbsen, die Brühe, das Currypulver, den Estragon und 2 EL Wasser dazugeben und unter Rühren erhitzen, bis die Erbsen aufgetaut sind. Bei schwacher Hitze 8 bis 10 Minuten garen, dabei eventuell nochmals wenig Wasser dazugeben (am Ende der Garzeit sollte die Flüssigkeit möglichst vollständig verdunstet sein). Mit Salz und Pfeffer würzen, dann vom Herd nehmen und abkühlen lassen.

2 Die Erbsenmischung mit dem Mascarpone im Blitzhacker (oder mit dem Stabmixer) cremig pürieren. Die Erbsen-Curry-Creme mit dem Zitronensaft und nach Bedarf nochmals mit Salz und Pfeffer abschmecken.

ROTE-LINSEN-CREME & SÜSSKARTOFFEL-CURRY-PASTE

Zubereitungszeit: 20 bzw. 30 Min. | Garzeit: 25–30 Min. | Kühlzeit: 2 Std. | Haltbarkeit: gekühlt 2–3 Tage

Für je 4 Portionen

Rote-Linsen-Creme

80 g Lauch
10 g Ingwer
1 EL Olivenöl
1 TL Currypulver
100 g rote Linsen
½ TL gekörnte Brühe
Salz • Pfeffer aus der Mühle
3 Stiele Koriandergrün

Süßkartoffel-Curry-Paste

200 g Süßkartoffel
1 Schalotte
10 g Ingwer
1 grüne Chilischote
2 Eiertomaten
2 EL Kokosöl
½ TL indische Currypaste
(ersatzweise Currypulver)
3 Stiele Koriandergrün

ROTE-LINSEN-CREME

1 Den Lauch längs halbieren und waschen. Der Länge nach in schmale Streifen und diese in kleine Stücke schneiden. Den Ingwer schälen und in feine Würfel schneiden. Das Olivenöl in einer Pfanne erhitzen, darin den Lauch leicht braun andünsten. Das Currypulver darüberstäuben und kurz anschwitzen. Die Linsen, den Ingwer, die Brühe und ¼ l Wasser dazugeben und alles offen bei mittlerer Hitze 25 bis 30 Minuten garen, bis die Linsen weich sind. Mit Salz und Pfeffer würzen.

2 Die Linsenmischung vom Herd nehmen und abkühlen lassen. Inzwischen den Koriander waschen, trocken tupfen, die Blätter abzupfen und fein hacken. Die Linsenmischung mit dem Stabmixer grob pürieren, die Rote-Linsen-Creme mit Salz und Pfeffer abschmecken und den Koriander unterrühren.

SÜSSKARTOFFEL-CURRY-PASTE

1 Die Süßkartoffel schälen und in gut ½ cm große Würfel schneiden. Schalotte und Ingwer schälen, fein hacken. Die Chilischote waschen, mit den Kernen fein hacken. Die Tomaten waschen, ohne Stielansätze in kleine Würfel schneiden.

2 Das Kokosöl in einem Topf erhitzen, die Schalotte und den Ingwer darin andünsten. Chili, Süßkartoffel und Currypaste unterrühren, kurz mitdünsten, dann die Tomaten dazugeben. Zugedeckt bei mittlerer Hitze unter gelegentlichem Rühren 10 bis 12 Minuten weich garen. Eventuell etwas Wasser dazugeben (am Ende sollte fast alle Flüssigkeit verdunstet sein).

3 Die Süßkartoffeln und die Tomaten mit einer Gabel fein zerdrücken und abkühlen lassen. Inzwischen den Koriander waschen, trocken tupfen, die Blätter abzupfen und fein hacken. Den Koriander unter die lauwarm abgekühlte Süßkartoffel-Curry-Paste rühren, dann im Kühlschrank 2 Stunden kühlen, damit das Kokosöl fester wird.

MÖHRENHUMMUS & BOHNENCREME

Zubereitungszeit: 35 bzw. 25 Min. | Haltbarkeit: gekühlt 2–3 Tage

Für je 4 Portionen

Möhrenhummus

150 g Möhren
1 Knoblauchzehe
10 g Ingwer
3 EL Olivenöl
1/3 TL gemahlener Kreuz-
kümmel
1 TL gemahlener Koriander
Salz • Pfeffer aus der Mühle
Saft von 1 Orange
1 Dose Kichererbsen
(240 g Abtropfgewicht)
2 EL Zitronensaft
2 EL Tahin (Sesampaste)

Bohnencreme

1 Dose weiße Bohnen
(400 g Füllgewicht)
1 Knoblauchzehe
1 kleiner Zweig Rosmarin
2 Zweige Thymian
2 EL Olivenöl
1 EL Tomatenmark
1 Msp. Chilipulver
Salz • Pfeffer aus der Mühle

MÖHRENHUMMUS

1 Die Möhren putzen, schälen und fein raspeln. Den Knoblauch und den Ingwer schälen und fein hacken. 1 EL Olivenöl in einer Pfanne erhitzen, darin die Möhren, den Knoblauch und den Ingwer andünsten. Mit Kreuzkümmel, Koriander, Salz und Pfeffer würzen. Den Orangensaft dazugeben (2 EL zurückbehalten) und die Möhren bei schwacher Hitze 4 bis 6 Minuten leicht bissfest garen.

2 Die Kichererbsen in ein Sieb abgießen, dabei das Einlegewasser auffangen. Kalt abspülen, abtropfen lassen und in ein hohes Püriergefäß geben. Mit dem Zitronensaft, dem Tahin sowie dem restlichen Olivenöl und Orangensaft mit dem Stabmixer fein pürieren, eventuell noch etwas Kichererbsenwasser angießen, falls die Masse zu dick ist. Die Möhren unterrühren, mit Salz und Pfeffer abschmecken.

BOHNENCREME

1 Die Bohnen in ein Sieb abgießen, dabei das Einlegewasser auffangen. Den Knoblauch schälen und fein hacken. Den Rosmarin und den Thymian waschen, trocken tupfen, die Nadeln bzw. Blätter abzupfen und grob hacken.

2 In einer Pfanne 1 EL Olivenöl erhitzen und darin den Knoblauch andünsten. Das Tomatenmark und die Kräuter kurz mitdünsten. Die Bohnen dazugeben, mit Chilipulver und Salz würzen. Ein wenig Bohnenwasser angießen und alles bei schwacher Hitze 5 Minuten köcheln lassen, bis die Flüssigkeit fast vollständig eingekocht ist. Die Bohnen vom Herd nehmen und abkühlen lassen.

3 Die abgekühlten Bohnen mit dem Stabmixer fein pürieren, dabei das restliche Olivenöl und, falls die Masse zu dick ist, noch etwas Bohnenwasser unterrühren. Die Bohnencreme nach Belieben nochmals mit Salz und Pfeffer würzen.

HAUSMACHER-LEBERWURST

Zubereitungszeit: 1 Std. 20 Min. | Garzeit: 1 Std. 40 Min. | Einweckzeit: 1 Std. 30 Min. | Haltbarkeit: ca. 3 Monate

Für 4 Gläser (à 200 ml)

1 Bund Suppengemüse
3 Zweige Thymian
1 Lorbeerblatt
8 schwarze Pfefferkörner
Salz
150 g Schweineschulter
250 g Kalbsleber
600 g Schweinebauch
(mit Schwarte)
1 große Zwiebel
2 EL Sonnenblumenöl
1 TL getrockneter Majoran
¾ TL getrockneter Thymian
⅓ TL Ingwerpulver
⅓ TL gemahlener Piment
frisch geriebene Muskatnuss
Pfeffer aus der Mühle

1 Das Suppengemüse putzen, waschen bzw. schälen und in grobe Stücke schneiden. Den Thymian waschen. Suppengemüse und Thymian in einem großen Topf mit 1,2 l Wasser aufkochen, mit dem Lorbeerblatt, den Pfefferkörnern und 1 Prise Salz bei schwacher Hitze 10 Minuten köcheln lassen.

2 Die Schweineschulter und die Leber von Sehnen und Knorpeln befreien und eventuell etwas zerkleinern. Den Schweinebauch in die Brühe geben und darin bei geschlossenem Deckel bei schwacher Hitze 1 Stunde garen. Die Schweineschulter weitere 15 Minuten mitgaren, zum Schluss die Leber dazugeben und nochmals 15 Minuten mitgaren.

3 Inzwischen die Zwiebel in kleine Würfel schneiden. Das Öl in einer kleinen Pfanne erhitzen die Zwiebel darin goldgelb andünsten. Vom Herd nehmen und abkühlen lassen. Das Fleisch und die Leber aus der Brühe nehmen und leicht abkühlen lassen. Die Brühe in ein Sieb abgießen und auffangen.

4 Den Backofen auf 100 °C vorheizen. Das lauwarme Fleisch und die Leber in kleine Würfel schneiden und mit der Zwiebel durch den Fleischwolf drehen (kleine Lochscheibe, ca. 2 mm ø) oder portionsweise mit der Küchenmaschine pürieren. Die Kräuter im Mörser fein zerreiben und mit den Gewürzen und 1 TL Salz (7 g) unter die Fleischmasse kneten. Gerade so viel Brühe unterarbeiten, dass die Masse cremig, eher schon leicht zähflüssig ist. Nochmals pikant abschmecken, dann in saubere Gläser füllen und diese verschließen.

5 Den Backofen auf 90 °C (Umluft) vorheizen. Einen Bräter mit einem Küchentuch auslegen und die Gläser hineinstellen, ohne dass sie sich berühren. So viel heißes Wasser dazugießen, dass die Gläser zu zwei Drittel bedeckt sind. Im Ofen auf der unteren Schiene 1½ Stunden einkochen. Herausnehmen und bei Zimmertemperatur abkühlen lassen.

GÄNSESCHMALZ MIT CALVADOSÄPFELN

Zubereitungszeit: 25 Min. | Garzeit: 1 Std. | Haltbarkeit: gekühlt ca. 3 Wochen

Für 2 Gläser (ca. 300 ml)

1 Apfel (z.B. Boskop)
2 EL Calvados
(frz. Apfelbrand)
3 Zweige Majoran
1 EL getrockneter Beifuß
1 große Zwiebel
250 g Gänseflomen (Bauchfett)
150 g grüner Speck (ungeräu-
cherter Schweinerückenspeck)
Salz • Pfeffer aus
der Mühle

1 Den Apfel waschen, vierteln und das Kerngehäuse entfernen. Die Apfelviertel in kleine Würfel schneiden und sofort mit dem Calvados mischen. Den Majoran waschen, trocken tupfen, die Blätter abzupfen und fein hacken. Mit dem Beifuß unter den Apfel mischen und ziehen lassen. Die Zwiebel schälen und in kleine Würfel schneiden.

2 Den Gänseflomen und den Speck jeweils in gut ½ cm große Würfel schneiden. Beides in einer breiten Pfanne bei schwacher Hitze unter gelegentlichem Rühren auslassen. Sobald reichlich klares Fett ausgetreten ist, auf mittlere Hitze erhöhen und häufiger umrühren, bis die kleinen verbliebenen Fettstückchen (Grieben) schön bräunen; dabei nicht zu heiß werden lassen, damit sie nicht verbrennen, aber auch nicht zu schwach erhitzen, sonst bräunen sie nicht.

3 Am Ende die Zwiebel in das heiße Fett geben und gut 5 Minuten mitgaren, bis sie leicht bräunt. Anschließend die Apfelmischung dazugeben und bei schwacher Hitze weitere 5 Minuten mitziehen lassen. Mit Salz und Pfeffer würzen.

4 Das Schmalz vom Herd nehmen und abkühlen lassen. Wenn es beginnt fest zu werden, nochmals durchrühren, damit sich Grieben, Zwiebel und Apfel gleichmäßig verteilen. Anschließend in saubere Gläser oder Steinguttöpfchen füllen, verschließen und vollständig auskühlen lassen.

TANDOORI-HÄHNCHEN-CREME

Zubereitungszeit: 25 Min. | Garzeit: 25 Min. | Haltbarkeit: gekühlt 2–3 Tage

Für 4 Portionen

1 kleine Möhre
1 kleine Stange Stauden-
sellerie
1 Schalotte
5 g Ingwer
1 EL Sonnenblumenöl
1½ TL Tandooripaste
(aus dem Glas)
100 ml Hühnerbrühe
150 g Hähnchenbrustfilet
2 EL Naturjoghurt
1 TL Limettensaft
Salz
3–4 Stiele Koriandergrün

1 Die Möhre putzen und schälen, den Sellerie putzen und waschen. Beides in möglichst feine, etwa ½ cm große Würfel schneiden. Die Schalotte und den Ingwer schälen und jeweils in feine Würfel schneiden. Das Öl in einem kleinen Topf erhitzen, darin Möhre, Sellerie und Schalotte unter Rühren 2 bis 3 Minuten anbraten. Die Tandooripaste und den Ingwer kurz mitrösten, dann mit der Brühe ablöschen. Bei schwacher Hitze köcheln lassen.

2 Das Hähnchenfleisch waschen, trocken tupfen und quer in etwa 1 cm dicke Scheiben schneiden. In der leicht köcheln-den Brühe zugedeckt etwa 15 Minuten garen, dabei eventuell einmal wenden. Das Fleisch herausnehmen und abkühlen lassen, währenddessen die Brühe mit dem Gemüse offen bei mittlerer Hitze einkochen lassen, bis das Gemüse gar und fast alle Flüssigkeit verdunstet ist.

3 Das Hähnchenfleisch klein schneiden und mit dem gedüns-teten Gemüse und der eingekochten Garflüssigkeit, dem Joghurt und dem Limettensaft im Blitzhacker (oder mit dem Stabmixer) fein pürieren. Sollte die Masse zu fest werden, etwas Hühnerbrühe oder Wasser dazugeben. Mit Salz abschmecken.

4 Den Koriander waschen und trocken schütteln. Die Blätter abzupfen, fein hacken und unter die Tandoori-Hähnchen-Creme heben.

LACHSRILLETTE

Zubereitungszeit: 30 Min. | Kühlzeit: 2 Std. | Haltbarkeit: gekühlt 4–5 Tage

1 Das Lachsfilet kalt abspülen, trocken tupfen, eventuell Gräten entfernen und das Filet in etwa 2 cm breite Streifen schneiden. Leicht mit Salz und Pfeffer würzen. Den Räucherlachs in feine Würfel schneiden. Den Wein, den Fond und 2 EL Noilly Prat in einen Topf geben. Die Kräuter und das Selleriegrün waschen und trocken tupfen, je 2 Stiele Estragon und Dill beiseitelegen. Den restlichen Estragon, Dill und Thymian sowie Sellerie und Zitronenschale in den Topf geben.

2 Alles kurz aufkochen lassen, dann die Hitze reduzieren. Die Brühe mit Salz und Pfeffer würzen. Das Lachsfilet darin bei ganz schwacher Hitze 15 Minuten garen. Herausnehmen, abkühlen lassen und fein zerzupfen.

3 Inzwischen die Kapern auf einem Sieb abtropfen lassen und klein hacken. Die Butter und den restlichen Noilly Prat in einer Rührschüssel mit den Quirlen des Handrührgeräts cremig rühren. Den beiseitegelegten Estragon und Dill fein hacken und mit dem Lachs, dem Räucherlachs und den Kapern unter die Buttermischung rühren. Die Lachsrillette mit Salz und Pfeffer würzen, in ein sauberes Glas füllen, verschließen und mindestens 2 Stunden durchkühlen lassen.

Für 6–8 Portionen

200 g Lachsfilet
(ohne Haut)
Salz • Pfeffer aus der Mühle
80 g Räucherlachs
(in Scheiben)
100 ml trockener Weißwein
100 ml Fischfond
(aus dem Glas)
4 EL Noilly Prat
(trockener Vermouth)
je 4 Stiele Estragon und Dill
3 Zweige Thymian
1 Stängel Selleriegrün
Schale von ½ Bio-Zitrone
1 EL Kapern
100 g weiche Butter

Gaumenfreude

Lachsrillette ist perfekt als Aufstrich für kleine Baguettescheiben, die man zu einem Glas Sekt als kleinen Aperitifsnack reichen kann. Und auf Toastbrotdreiecken, mit frischem Dill und Estragon bestreut und auf einem grünen Salat angerichtet, wird daraus eine edle Vorspeise.

RÄUCHERFORELLENCREME & THUNFISCHCREME MIT KAPERN

Zubereitungszeit: 20 bzw. 15 Min. | Haltbarkeit: gekühlt 2–3 Tage

Für je 4 Portionen

Räucherforellen-creme

1 Stange Staudensellerie
¼ Apfel (z.B. Cox Orange)
1–2 EL Zitronensaft
150 g Räucherforellenfilet
(ohne Haut)
2 EL Mascarpone
1 EL Naturjoghurt
3 Stiele Dill
Salz • Pfeffer aus der Mühle

Thunfischcreme mit Kapern

1 Dose Thunfisch (im eigenen
Saft; 150 g Abtropfgewicht)
2 EL Kapern
3 EL Zitronensaft
3 EL Naturjoghurt
2 EL Mayonnaise
Salz • Pfeffer aus der Mühle
4 Stiele Basilikum
4 Stiele Petersilie

RÄUCHERFORELLENCREME

1 Den Sellerie putzen und waschen. Die Stange der Länge nach in schmale Streifen und diese in sehr kleine Würfel schneiden. Das Apfelviertel auf der Rohkostreibe grob raspeln und sofort mit 1 EL Zitronensaft mischen.

2 Das Forellenfilet fein zerzupfen. Mit dem Mascarpone, dem Joghurt, dem Sellerie und dem Apfel mischen. Den Dill waschen, trocken tupfen und die Spitzen abzupfen. Fein hacken und ebenfalls unter die Creme unterrühren. Die Räucherforellencreme mit Salz, Pfeffer und eventuell etwas Zitronensaft würzen.

THUNFISCHCREME MIT KAPERN

1 Den Thunfisch auf einem Sieb gut abtropfen lassen und mit einer Gabel grob zerpflücken. Die Kapern ebenfalls abtropfen lassen. Thunfisch und Kapern mit dem Zitronensaft, dem Joghurt und der Mayonnaise im Blitzhacker (oder mit dem Stabmixer) pürieren. Mit Salz und Pfeffer würzen.

2 Das Basilikum und die Petersilie waschen und trocken schütteln. Die Blätter abzupfen, fein hacken und unter die Thunfischcreme mischen.

IDEEN FÜR NOCH MEHR BROTGENUSS

Brezel nur mit Butter, Stuten mit Honig oder Pumpernickel mit Leberwurst – fast jeder hat seine ganz spezielle Lieblingskombi von Brot und Belag – oft schon seit Kindertagen. Aber vielleicht kommen ja bald noch ein paar dazu, wenn Sie erst einmal meine Vorschläge für passendes Drunter und Drüber probiert haben! Hier finden Sie meine Dream-Teams für ...

... SÜSSE LECKERMÄULER

Süßschnäbel werden in Sachen Brot vor allem im ersten Kapitel fündig. Natürlich schmecken einige Brote schon solo, nur mit etwas Butter bestrichen; denn Schokoladenbrot, Heidelbeerscones oder Gebrannte-Mandel-Zopf verfügen an sich bereits über ein üppig süßes Innenleben. Wer noch einen Kick mehr Zucker braucht, wird bei fast allen Broten des süßen Kapitels meist schon mit etwas Honig und gekauften – oder, noch besser, den selbst gemachten – Konfitüren von S. 92 bis 96 glücklich. Richtig süß und sündhaft gut sind aber folgende Kombis, die Sie unbedingt probieren sollten: Garantiert so gut wie ein Stück Kuchen!
Brioche mit Karamell- oder Maronencreme, Aprikosenkonfitüre mit Lavendel oder Ziegenfrischkäse mit Feigen – wie in der französischen Patisserie!
Klassische Scones oder **Toast** mit Tropical Curd – ein Gruß aus Sweet-Britannien.
Bananen-Frühstücksbrot bekommt mit Erdnussbutter-Frischkäse und Maronencreme das ultimative Topping „made in USA".
Müslibrötchen, **Kefir-Walnuss-Brot**, **Quinoa-Saaten-Brot** oder **Möhren-Mandel-Brot** sind richtig kernig und gesund, werden aber noch einen Tick verfeinert mit den Nusspasten von S. 88, Dattelpaste, Erdnussbutter-Frischkäse oder Vanille-Limetten-Frischkäse mit Früchten – der schmeckt übrigens auch immer wieder überraschend neu, wenn man ihn einfach mit klein geschnittenen Früchten der Saison belegt.

... DEFTIGE BROTZEITHELDEN

Wer es lieber herzhaft mag, bedient sich bevorzugt im zweiten Brotkapitel und belegt Frühstücks- oder Abendbrot und die Pausenstulle einfach mit Käse, Schinken oder Aufschnitt und packt eventuell noch Essigürkchen dazu. Das ist einfach und gut – für deftige Brotzeiten in Bestform hier noch ein paar andere feine Ideen:
Schwäbische Seelen mal mit Kräuterbutter oder Radieschenquark probieren – oder nur mit Butter und Saitenwürschtle (oder Wiener Würstchen) zur typischen Vesper (Brotzeit) genießen.
Dunkles Körnerbrot im Weckglas schmeckt norddeutsch frisch mit Radieschenquark, aber auch mit der Rote-Bete-Feta-Creme oder fein mit Lachsrillette.
Dunkles Bierbrot und **Zwiebel-Speck-Brot** lieben die urig-rustikale Ergänzung mit Bergkäsequark, Gänseschmalz und Leberwurst – und wenn's mal einfach und schnell sein soll: Die Brotscheiben dick mit Butter bestreichen, mit Schnittlauchröllchen bestreuen oder mit Radieschenscheiben belegen.
Kräuter-Pfeffer-Brot bringt scharfen Pep auf den Abendbrotteller und verträgt sich gut mit milder Hausmacher-Leberwurst oder der Räucherforellencreme, aber auch mal mit exotischer Rote-Linsen-Creme.
Krachkrustenbrot mit seiner ultraknusprigen Kruste wird mit dem cremigem Thunfisch-Aufstrich oder der Tandoori-Hähnchen-Creme zum Partykracher.

... BROT-WELTENBUMMLER

Andere Länder, andere Sitten: Vielerorts wird nicht belegt, sondern Brot in würzige Pasten und Dips gedippt und gestippt. Auch so können Sie meine Brotspezialitäten und Aufstriche genießen – schmeckt garantiert nach Süden oder Orient. Begeben Sie sich auf internationale Brot-Reise:

Focaccia, **Ciabatta**, **Baguette** oder **Tomatenbrot mit Kräutern** sind ideal mit den Gemüseaufstrichen ab S. 114 oder mit Bohnencreme. Reichen Sie einfach mal dick bestrichene Brotscheiben und dazu eingelegte (Antipasti-) Gemüse, Oliven, frische (Cocktail-)Tomaten und Gurkenscheiben sowie vielleicht ein paar Käsewürfel und Salamischeiben.

Mini-Fladenbrote sind die kleinen Brüder der überall im Orient verbreiteten Brotfladen: perfekt ebenfalls mit Gemüseaufstrichen, speziell aber mit Kürbis-Curry-Frischkäse, Auberginencreme, Erbsen-Curry-Creme, Rote-Linsen-Creme, Möhrenhummus, Süßkartoffel-Curry-Paste oder Tandoori-Hähnchen-Creme. Wer möchte, bestreicht die Fladen innen dick mit Creme – ideal ist hier Möhrenhummus – und legt fein geschnittene Salatstreifen, Gurken- und Tomatenscheiben sowie Zwiebelringe darauf und serviert sie als Pita-Sandwiches.

Baguette ist in Frankreich nicht nur mit einer Schale Milchkaffee und Marmelade am Morgen der Hit. Elegante, feine Aufstriche wie Lachsrillette, Pilzbutter oder Ziegenfrischkäse mit Aprikosen sind dazu nicht nur très chic, sondern auch noch lecker. Die Kombi **Brioche** mit Entenleberpastete kennt man aus der Sterneküche, aber meine hausgemachte Leberwurst passt sicher fast genauso gut! Zur Käseplatte, die unsere französischen Nachbarn gerne anstelle von Dessert anbieten, kann man dünne Scheiben des **bretonischen Apfelbrotes** reichen.

... VEGGIE-STULLEN-FREUNDE

Für alle, die ihr Brot vegetarisch oder auch vegan belegen möchten, gibt es inzwischen mehr als Quark, Käse oder kalorienreiche Pasten auf Hefeflockenbasis. Die erste Wahl lautet hier frisches Gemüse, ergänzt durch Brot mit vielen gesunden Zutaten wie Samen, Saaten und vollem Korn. Und dass gesund gleichzeitig noch richtig lecker sein kann, beweisen folgende Zusammenstellungen:

Quinoa-Saaten-Brot, **Dinkel-Eiweißbrot**, **Möhren-Mandel-Brot** und **kerniges Kürbisbrot** sind körnersatt und liefern Vegetariern Energie und die nötigen Nährstoffe. Ideal dazu Aufstriche mit eiweiß- und kalziumhaltigen Milchprodukten wie meine beiden Quark- oder Frischkäseaufstriche oder Aufstriche aus Hülsenfrüchten. Wer lecker vegan aufstreichen will, wird mit Tofucremes und den meisten der Gemüseaufstriche ab S. 114 glücklich.

Veggies, die noch mehr Gemüse mögen, packen zusätzlich frische Salatblätter, fein geraspelte Rohkost oder knackige Sprossen auf ihre Brote und streuen Hanf-, Kürbis- oder Sonnenblumenkerne darüber – das gibt Sandwiches de luxe!

Rezepte mit Hefeteig

Rezepte mit Sauerteig

Vegane Brote und Aufstriche

Vegane Rezepte sind mit
diesem Symbol gekennzeich-
net. Zudem sind viele weitere
Brote und Brotaufstriche in
diesem Buch vegetarisch,
häufig lassen sich auch diese
leicht vegan abwandeln, indem
Zutaten ausgetauscht werden.

Coverfoto:
Aprikosenkonfitüre mit Lavendel-
   blüten (S. 94)
Bergkäsequark (S. 110)
Quinoa-Saaten-Brot (S. 70)

Fotograf Porträtfoto (S. 4):
Klaus Maria Einwanger

Auf den Geschmack gekommen?

Hier gibt's 100 x Löffelglück mit alten und neuen Gemüsesorten oder Fisch und Fleisch – das ganze Jahr über in vielen Varianten!

Michaela Baur
Heißgeliebte Suppen
€ [D] 15,99
ISBN 978-3-89883-503-9

Und hier: über 80 ausgewogene Gerichte für große und kleine Genießer – ganz ohne Kuhmilch, raffinierten Zucker und Weizen.

Veronika Pachala
Gesund kochen ist Liebe
€ [D] 18,99
ISBN 978-3-89883-489-6

Gleich weiterlesen!

Jetzt überall,
wo es gute Bücher gibt.